Desenvolvimento de produtos e métricas de marketing

COLEÇÃO GESTÃO EMPRESARIAL

Desenvolvimento de produtos e métricas de marketing

Adriano Stadler (Org.)
Elaine Cristina Arantes
Fabíola Ceni

Gestão Empresarial

Rua Clara Vendramin, 58 . Mossunguê
CEP 81200-170 . Curitiba . PR . Brasil
Fone: (41) 2106-4170
www.intersaberes.com
editora@editoraintersaberes.com.br

Conselho editorial
Dr. Ivo José Both (presidente)
Dr² Elena Godoy
Dr. Nelson Luís Dias
Dr. Ulf Gregor Baranow

Editor-chefe
Lindsay Azambuja

Editor-assistente
Ariadne Nunes Wenger

Editor de arte
Raphael Bernadelli

Preparação de originais
Raphael Moroz

Capa
Silvio Spannenberg

Projeto gráfico e diagramação
Roberto Querido

Iconografia
Sandra Sebastião

1ª edição, 2013.

Foi feito o depósito legal.

Informamos que é de inteira responsabilidade dos autores a emissão de conceitos.

Nenhuma parte desta publicação poderá ser reproduzida por qualquer meio ou forma sem a prévia autorização da Editora InterSaberes.

A violação dos direitos autorais é crime estabelecido na Lei n° 9.610/1998 e punido pelo art. 184 do Código Penal.

Dados Internacionais de Catalogação na Publicação (CIP)
(Câmara Brasileira do Livro, SP, Brasil)

Arantes, Elaine Cristina
  Desenvolvimento de produtos e métricas de marketing / Elaine Cristina Arantes; Fabíola Ceni; organizador Adriano Stadler. – Curitiba: InterSaberes, 2013. – (Coleção Gestão Empresarial; v. 5).

  Bibliografia.
  ISBN 978-85-8212-703-2

  1. Design 2. Estratégica de marketing 3. Inovação tecnológica 4. Produtos – Desenvolvimento 5. Produtos – Projeto 6. Produtos novos – Design – Desenvolvimento I. Ceni, Fabíola II. Stadler, Adriano. III. Título. IV. Série

12-11942   CDD-658.575

Índices para catálogo sistemático:
  1. Desenvolvimento de produtos: Administração de produção 658.575
  2. Projeto de produtos: Administração de produção 658.575

Sumário

- Apresentação, 7
- Como aproveitar ao máximo este livro, 9

Primeira parte – Desenvolvimento e gestão de produtos, 11
Fabíola Ceni

- Sobre a autora, 12
- Introdução, 13

1. Introdução ao desenvolvimento do produto, 15
2. Inovação tecnológica: empresas, pessoas e produtos inovadores, 27
3. Gestão estratégica de portfólio e ferramentas para a tomada de decisão, 46
4. Estratégias de posicionamento e marca, 67
5. Diferenciação por meio da inovação de valor, 84
6. Processo de desenvolvimento de novos produtos, 92

- Bibliografia comentada, 112
- Síntese, 113
- Referências, 115

Segunda parte – Métricas de marketing, 119
Elaine Cristina Arantes

- Sobre a autora, 116
- Introdução, 117

1. Conceitos financeiros e métricas aplicados no processo de marketing, 124
2. A importância de focar o cliente, 132
3. *Costumer Relationship Management* (CRM) e o uso de incentivos para estimular e aumentar as vendas, 146
4. As principais métricas de marketing: participação em corações, mentes e mercados, 150

5. Rentabilidade do cliente, 163
6. As principais métricas de marketing: produto, preço, promoção e praça, 169
   - Bibliografia comentada, 175
   - Referências, 179

■ Considerações finais, 181

Apresentação

O conhecimento e a adequada utilização das **ferramentas estratégicas de marketing** são fundamentais para o sucesso dos profissionais dessa área, bem como das organizações, cujos objetivos precisam ser atingidos no prazo acordado e dentro do orçamento previsto. Planejar o composto mercadológico, desenvolver produtos e serviços adequados à demanda e mensurar o desempenho destes é a **condição-chave** para se obter êxito no mercado consumidor.

Os objetivos estratégicos de uma organização se desdobram em **planos de ação**, e sua operacionalização deve ser minuciosamente monitorada. Em razão disso, faz-se necessário um **conjunto de referências** que proporcionem aos gestores a quantificação dos resultados desejados em comparação com os resultados obtidos. Essas informações são importantes para que futuras ações corretivas possam ser implantadas.

Considerando-se esses aspectos, esta obra apresenta as **ferramentas de gestão** do processo de marketing, bem como discute a maneira como o profissional dessa área deve realizar o desenvolvimento, a gestão e a mensuração dos resultados que foram definidos em planos estratégicos e táticos. Assim, o conteúdo deste livro pode servir como subsídio para a avaliação e a proposição de **soluções empresariais**, bem como para a tomada de decisão mercadológica por parte dos profissionais de marketing.

Nesse sentido, a primeira parte da obra aborda o **desenvolvimento e a gestão de produtos**. Inicialmente, é apresentado um panorama geral sobre o tema, seguido por uma discussão acerca da relevância dos processos de inovação e do caráter estratégico do desenvolvimento de produtos, em que são enfatizadas as formas de suporte às tomadas de decisões baseadas em informações relevantes sobre o marketing. Além disso, é construído um **passo a passo** para o desenvolvimento de novos produtos e serviços. Por fim, são analisadas a criação das marcas e a forma como estas conferem valor a produtos e serviços.

A segunda parte da obra trata de como as empresas lidam com os diferentes grupos de clientes. São focados também os bancos de dados, o conceito de **domicílio** (local onde residem ou trabalham os clientes), o cálculo da rentabilidade do cliente, a definição do preço de um novo produto, os canais de distribuição a serem utilizados, as promoções que trazem mais retorno sobre o investimento realizado e o cálculo do retorno sobre investimentos feitos em diferentes mídias. Aborda-se, ainda, como o *Customer Relationship Management* (CRM) contribui para o conhecimento da percepção do cliente em relação ao valor que este atribui a determinada marca.

Esses e outros assuntos relacionados ao desenvolvimento e à gestão de produtos e às métricas levarão você a refletir sobre o melhor caminho para o planejamento e a gestão das ações de marketing, sobre os investimentos adequados e sobre as formas de angariar informações para a tomada de decisão empresarial.

Recomendamos que você, ao mesmo tempo que realiza a leitura desta obra, observe de que modo as organizações estão atuando no mercado. Dessa maneira, será possível verificar, na prática, todos os conceitos apresentados e discutidos nas duas partes do presente livro.

Como aproveitar ao máximo este livro

Este livro traz alguns recursos que visam enriquecer o seu aprendizado, facilitar a compreensão dos conteúdos e tornar a leitura mais dinâmica. São ferramentas projetadas de acordo com a natureza dos temas que vamos examinar. Veja a seguir como esses recursos se encontram distribuídos no projeto gráfico da obra.

Indicação cultural

Ao final do capítulo os autores oferecem algumas indicações de livros, filmes ou *sites* que podem ajudá-lo a refletir sobre os conteúdos estudados e permitir o aprofundamento em seu processo de aprendizagem.

Síntese

É um resumo dos principais conceitos abordados em cada parte. Ao retomar o que foi abordado, serve para confirmar ou não as conclusões formuladas ao longo da leitura do texto, colaborando em seu esforço de assimilação dos conteúdos.

Bibliografia comentada

Nesta seção, você encontra comentários acerca de algumas obras de referência para o estudo dos temas examinados.

Primeira parte

Desenvolvimento e gestão de produtos

Fabíola Ceni

Sobre a autora

Fabíola Ceni é graduada em Relações Públicas pela Pontifícia Universidade Católica do Paraná (PUCPR) e tem MBA em Administração de Empresas e Negócios pela Fundação Getulio Vargas (Isae/FGV). Cursou Strategic Marketing and Branding e realizou um curso de extensão em New Product and Development e Marketing the Arts pela Universidade de Nova Iorque (NYU). É participante do Programa de Desenvolvimento de Dirigentes (PDD) da Fundação Dom Cabral. Está profissionalmente no mercado da arte desde 2002 e, atualmente, é relações públicas da Galeria Nara Roesler, em São Paulo. Lecionou as disciplinas de Marketing Internacional, Marketing e Propaganda e Desenvolvimento e Gestão de Produtos nas modalidades presencial e a distância de cursos de graduação e pós-graduação do Grupo Uninter.

Introdução

Ações como o desenvolvimento e a gestão de novos produtos e serviços são a **chave** do crescimento estratégico em qualquer economia, uma vez que são responsáveis pelo **contato** da empresa com o potencial do mercado em que ela está inserida.

Apesar dos milhares de produtos produzidos anualmente, entre marcas inéditas e novas linhas de produtos, **menos de 10% são inovações**, isto é, **produtos inéditos para mercados novos** (Kotler; Keller, 2006). Se o produto lançado é único, apresenta qualidade, características novas e oferece valor, segundo estimativas, ele tem **90% de chance de ter sucesso**. Esse sucesso, por sua vez, se dá pelo nível de envolvimento da empresa e pelo comprometimento de seus responsáveis no estudo profundo e detalhado das **variáveis** que envolvem o processo de desenvolvimento de produtos. No entanto, **não existe uma fórmula padronizada que garanta êxito**. Por isso, é importante que a organização tenha planejamento e realize testes para obter o *feedback* dos futuros consumidores, que são a razão pela qual a empresa desenvolve novos produtos, buscando reconhecimento por meio de ações sustentáveis. Assim, na primeira parte deste livro, você irá conhecer, sob o ponto de vista gerencial, as **definições** e **práticas** necessárias para o desenvolvimento de novos produtos por meio de **ferramentas estratégicas**.

Não importa se você trabalha numa pequena ou grande empresa, na área de recursos humanos, marketing, produção ou administração, pois todos que atuam direta ou indiretamente na gestão de produtos devem ser capazes de construir o próximo produto ou serviço que irá mover a instituição a outro patamar. Assim, os tópicos de estudo irão apontar como você poderá desenvolver ideias e avaliá-las, identificar um mercado para novos produtos testar e lançar itens e gerenciar esses processos.

Os capítulos deste livro partem de níveis estratégicos de tomada de decisão até **níveis operacionais**, ou seja, o desenvolvimento que se refere à materialização de uma inovação em forma de produto.

No primeiro capítulo, "Introdução ao desenvolvimento do produto", o foco central será a **conceituação** e a **apresentação** dos vários tipos de produtos, os quais definem toda a ação de marketing, já que eles são o **elo** entre a empresa e o consumidor, bem como a **fonte de lucratividade** da instituição.

O segundo capítulo, "Inovação tecnológica: empresas, pessoas e produtos inovadores", abordará os **tipos de inovação** e os **fatores** que levam o consumidor a adotar novos padrões de comportamento. Além disso, será analisado **o impacto da internet** na administração de produtos.

Em "Gestão estratégica de portfólio e ferramentas para a tomada de decisão", terceiro capítulo da primeira parte da obra, serão apresentadas **ferramentas de gestão de portfólio** para identificar os melhores projetos. Você também aprenderá a administrar os projetos aprovados na carteira de produtos. Nesse mesmo capítulo, será proposta uma reflexão sobre os **desafios globais** e sobre as decisões que envolvem o **ingresso no mercado internacional** com produtos padronizados ou adaptados.

Segundo estudos, a falta de diferenciação e valor agregado é uma das principais razões do fracasso no desenvolvimento de novos produtos. Dessa forma, o objetivo do quarto capítulo, "Estratégias de posicionamento e marca", além de discutir o mote do título, consistirá em abordar aspectos referentes à **embalagem** e ao **rótulo** de um produto, haja vista o impacto direto destes na imagem da marca, pelo fato de representarem o primeiro contato do consumidor com o produto.

O quinto capítulo, "Diferenciação por meio da inovação de valor", apresentará os **meios** para **criar espaços de mercado inovadores** e para aprender a **inovar** em termos de **valor percebido**.

Por fim, o sexto capítulo, "Processo de desenvolvimento de produtos", promoverá uma análise detalhada sobre as **fases do processo de desenvolvimento** de novos produtos por meio das **ferramentas estratégicas** mais utilizadas pelas empresas.

Ao final de cada capítulo, serão sugeridas **práticas individuais** e **questões de reflexão** referentes ao conteúdo, para que você possa analisar o seu negócio ou as experiências de mercado utilizando o seu próprio *background* aliado aos conceitos e ferramentas abordados na obra.

1

Introdução ao desenvolvimento do produto

O foco principal de análise deste capítulo é o **produto**, já que os serviços apresentam aspectos diferenciados e exigem um estudo à parte. No entanto, a abordagem **da prestação de serviço** como função complementar é fundamental, pois os produtos estão diretamente ligados aos serviços para solucionar os problemas dos consumidores e satisfazer às necessidades destes.

1.1

Produto: conceito e classificação

Consideramos como **produtos** os bens físicos, os serviços, os eventos, as pessoas, os locais, as organizações e as ideias. **O produto é o aspecto mais importante do composto de marketing**, também conhecido como *4 Ps*. Somente depois de definidos o produto e o mercado ao qual ele irá atender é que são discutidas questões relacionadas ao preço, à distribuição e à comunicação.

Para o marketing, "produto é algo que pode ser ofertado em um mercado para satisfazer a um desejo ou necessidade" (Kotler, 2000, p. 416). Contudo, o produto vai além de apenas um objeto. A ele podem ser somados os **benefícios emocionais** e **experienciais**, bem como os **atributos físicos** e de **serviço**.

Quando um consumidor compra um automóvel, essa compra inclui características funcionais, como os atributos do motor e dos pneus, o consumo de combustível, bancos, o tamanho do porta-malas, o preço e a garantia. Entretanto, outras questões são avaliadas pelo cliente, como os benefícios que a compra pode proporcionar (ex.: *status*, prestígio e estilo, além de aspectos relacionados à experiência de compra, seja esta concretizada no ambiente virtual, seja no ambiente físico).

Nesse caso, o gestor deverá considerar todos os aspectos do produto na hora de montar as estratégicas de preço *versus* valor agregado, de distribuição e de comunicação.

O tipo de produto influencia diretamente a abordagem de cada empresa em relação ao mercado. Ele pode ser para **consumo próprio** (*business to consumer* – B2C) ou, ainda, comprado para benefício do consumidor, de sua família ou para **consumo de determinada empresa** (*business to business* – B2B). Nesse último caso, os produtos podem ser adquiridos como **insumos** para a produção de outros produtos ou para a realização de outros negócios. Em ambas as situações, há desafios singulares, e a abordagem deve adequar-se a essas necessidades.

Em se tratando de uma oferta da **empresa para o consumidor**, podemos definir *produto* como um conjunto de atributos **tangíveis** e **intangíveis**, cujos benefícios reais ou percebidos proporcionados pela oferta são uma resposta às **necessidades** e aos **desejos** identificados nos consumidores. O psicólogo Abraham Harold Maslow descreveu as necessidades humanas por meio de uma **pirâmide**. São elas: necessidades fisiológicas, de segurança, de relacionamento, de estima, de *status* e de autorrealização. Essas necessidades se alteram ao longo do tempo, movimentando-se de acordo com a pirâmide à medida que as necessidades da **base** vão sendo atendidas.

Figura 1.1 – Pirâmide de Maslow

Fonte: Kotler; Keller, 2006, p. 184.

Das necessidades surgem os **desejos**, que nada mais são que **carências** relacionadas às necessidades. Digamos que determinada pessoa compre uma bolsa. Para um indivíduo, o motivo dessa compra pode ter sido a **necessidade** que o comprador tem de **acumular determinados pertences**. Já outro indivíduo pode considerar que o comprador realizou a aquisição do produto em questão para obter *status* **social**. Outro exemplo envolve a **cirurgia plástica**, que, apesar de já ter sido considerada para poucos, tornou-se acessível também às classes sociais mais baixas. Isso porque estratégias como parcelamentos e preços mais acessíveis surgiram para que o potencial desse nicho fosse explorado. Considerando-se esse aspecto, é possível afirmar que o padrão estético e o aumento do consumo de produtos de beleza, tanto para homens como para mulheres, alteraram o **perfil** e as **necessidades** destes em relação à aparência física. Por isso, o segmento da beleza e da estética transformou-se em uma **grande oportunidade de mercado**.

Esses exemplos ilustram que o topo da pirâmide seria mais dilatado que há 20 anos, fato impulsionado, principalmente, pelo aumento do poder de compra das classes C e D. Se antes essas classes buscavam apenas resolver as necessidades básicas, como vestuário e alimentação, agora elas estão em busca de *status* e de realização pessoal.

Por outro lado, a categoria referente aos consumidores mais abastados está à procura de **exclusividade** e, portanto, não é sensível ao preço. Por exemplo, no mercado de arte mundial, que movimentou em 2012 cerca de US$ 20 bilhões, há uma grande dose de elementos intangíveis, e o preço passa a ter menos importância do que o reconhecimento.

Robert Hugnes, crítico de arte, citado no livro *O tubarão de 12 milhões de dólares*, afirma que "os preços de arte são determinados pelo cruzamento entre a escassez real ou induzida e o puro desejo irracional, e nada é mais manipulável que o desejo. [...]. Preço justo é o mais alto que o colecionador pode ser induzido a pagar" (Thompson, 2012, p. 277).

Um exemplo disso foi a venda de um tubarão de 5 metros, mantido em um tanque de formol, pertencente ao artista inglês Damien

Hirst, por 12 milhões de dólares. Nesse mercado, a saída é confiar na **força** da marca. Assim, o vendedor (*marchand*) pode ser considerado uma marca, bem como o artista e a galeria de arte, o que garante boa procedência, credibilidade, prestígio e confiabilidade na hora de adquirir uma obra de arte.

A formação e a percepção de valor, nesse caso, estão conectadas não somente ao valor econômico, mas também ao valor cultural, que é mais subjetivo e simbólico. Segundo a curadora e professora Ana Cristina Carvalho (2008), em palestra no auditório virtual do Centro Cultural Bradesco,

> este confronto de valores está bastante evidente por causa, principalmente, da força dos mercados; os governos de muitos países começam a dar mais importância ao campo da cultura e das artes e a considerar a cultura como novo eixo do desenvolvimento econômico, de criação e geração de valor. Para se ter uma ideia, desde o início da década, o mercado tem crescido a um ritmo de 50% ao ano, enquanto que o preço das obras têm valorizado 30% ao ano, deixando para trás outras aplicações de risco, como o mercado de ações, por exemplo.

É evidente que, além de razões miméticas e do *status* que uma obra de arte traz para o seu comprador, existe um universo muito maior de sentidos que torna esse mercado cheio de incertezas e, ao mesmo tempo, intrigante.

Nesse contexto, abrem-se inúmeras possibilidades de desenvolvimento de imagem e produtos mediante a união das ferramentas de marketing que podem ser estrategicamente usadas para conquistar o mercado cultural. Como vimos neste capítulo, produtos também podem ser pessoas e marcas, e os sentimentos envolvidos no processo de comercialização não podem mais ser ignorados.

As necessidades do ser humano são poucas, mas os desejos são muitos, e é aí que entra a capacidade que o gestor tem de **despertar** esses desejos com os produtos de sua empresa. Para tanto, definir o mercado em que se irá atuar é fundamental, pois a empresa não poderá oferecer tudo para todos. É preciso definir o **perfil** do público-alvo a ser alcançado, conhecer suas condições financeiras e medir o interesse que ele possui em adquirir determinado produto.

1.2

Nível do produto

Como sugerido por Kotler e Keller (2006 – Figura 1.2), a cada nível de produto, mais **valor** é somado à oferta e, consequentemente, maior o **custo** do produto. No entanto, as mudanças de comportamento e a capacidade das empresas de copiar as ofertas rapidamente estão fazendo com que benefícios "aumentados" já se tornem "esperados" pelos clientes, o que ocorre em todos os níveis.

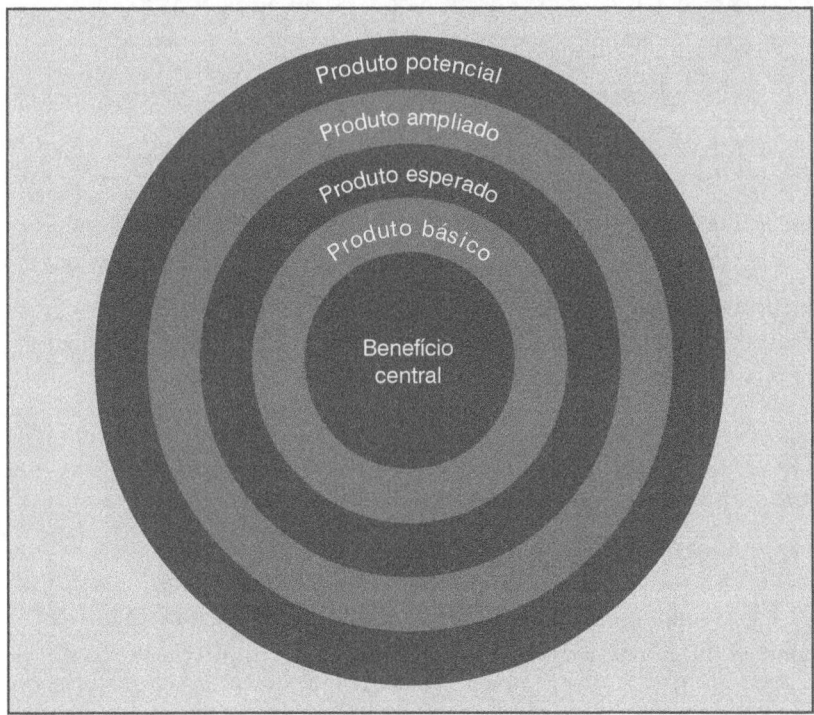

Figura 1.2 – Níveis/dimensões do produto percebidos pelo cliente

Fonte: Kotler; Keller, 2006, p. 367.

De acordo com os autores anteriormente citados, o **produto básico** consiste em um conjunto de características técnicas que se configuram em um produto genérico. Para que este seja comercializado, são necessários **itens esperados** pelo cliente, como serviços de entrega, pontualidade, garantia e serviços de instalação. Conforme vimos na figura anterior, também há o **produto aumentado ou ampliado**, em que são sugeridas as **formas de diferenciação**, como a marca, o posicionamento, a tradição, a apresentação, a facilidade de manuseio (como no caso do iPhone® e do BlackBerry®) e o valor para o cliente. Vale ressaltar que esses aspectos **ampliam a oferta do produto esperado**. Por fim, o **produto potencial** representa as possibilidades futuras de transformação que esse produto virá a sofrer durante o processo de **identificação de novas necessidades** e de **diferenciação**.

Kotler e Keller (2006) observam que existe ainda o **produto inesperado**, representado em casos em que a oferta **surpreende** o cliente. Normalmente, isso ocorre por meio de **serviços agregados à oferta** e à **imagem da marca**. Entretanto, existe um desafio a ser vencido, que ocorre, principalmente, com os serviços que, criados pela empresa para surpreender o cliente, são oferecidos pelo mesmo preço de outros serviços. Estes passam a ser, na percepção do cliente, produtos esperados. Isso significa que esse cliente não aceitará serviços inferiores e a preços mais altos numa próxima compra. Caso contrário, ele ficará frustrado.

Nesse contexto, vale acrescentar que Steve Jobs fez chegar até nós o **produto amigável**. Trata-se de um produto intuitivo, com *design* inovador e fácil de ser utilizado, que promove momentos de experiência e vai muito além das especificações técnicas.

1.3

Composto do produto

Outra decisão importante que envolve o produto é a **quantidade de ofertas da empresa** no mercado. Nesse contexto, o **composto de produto** refere-se ao grupo total de produtos que a empresa oferece. Esse conjunto total subdivide-se em **linhas de produto**, que, por sua vez, podem ser **mais extensas** ou **menos extensas**. Em ambos os casos, os gestores precisam estar cientes das vendas e do lucro de cada item de linha para determinar as ações a serem tomadas, além de entenderem o perfil do mercado em que os itens de cada linha estão inseridos.

Vale lembrar que, ao oferecer uma grande variedade de linhas de produtos, a empresa pode diluir os riscos por meio do seu **portfólio de ofertas** (ver mais sobre **gestão de portfólio** no Capítulo 3).

Entre as estratégias aplicadas às linhas, estão: lançar novas linhas de produtos, ampliar ou reduzir a(s) linha(s) existente(s), lançar novas versões de produtos e analisar a consistência entre a(s) linha(s) de produto e o seu uso final (por exemplo: se o novo produto utilizar o mesmo canal de distribuição, isso será algo positivo).

As linhas de produtos da empresa devem refletir as mudanças na preferência do consumidor e estar preparadas para a concorrência. Nesta última situação, estratégias relacionadas ao ciclo de vida dos produtos devem ser usadas no caso de eventuais modificações.

1.4
Serviços agregados ao produto físico

A ideia de **produto** se modificou ao longo do tempo e passou a ser considerado um **composto de bens** (tangíveis) e **serviços** (intangíveis) adquirido pelo cliente. Nesse sentido, os **serviços agregados** ao produto físico podem ir além da complementação, representando fonte de valor e diferenciação em relação à concorrência, num mercado no qual os produtos, supostamente, têm qualidade, atributos ou benefícios equiparáveis. Quando isso realmente acontece, os consumidores veem todos os produtos como **padronizados**. Nesses casos, os serviços podem ser a única forma de diferenciação dos bens em questão se desconsiderarmos uma competição orientada por preços.

Quadro 1.1 – Diferenças entre produto e serviço

Produto	Serviço
Tangível	Intangível
Homogêneo	Heterogêneo
Apresenta baixo nível de contato com o consumidor	Apresenta alto nível de contato com o consumidor
Produção e distribuição estão separadas do consumo	Produção, distribuição e consumo ocorrem simultaneamente
Valor produzido internamente	Valor é agregado por meio da interação com o cliente
Qualidade evidente	Qualidade de difícil julgamento
Pode ser estocado	Não pode ser estocado

Fonte: Adaptado de Slack et al., 1998, p. 42.

O Brasil, nos últimos anos, vem acompanhando a tendência mundial no setor de serviços, que responde por mais da metade dos empregos e do produto interno bruto (PIB) dos países desenvolvidos. Entre os responsáveis pelo bom desempenho do referido setor, podemos citar a melhor distribuição de renda da população e a mudança nos hábitos de consumo. Segundo informações do Instituto Brasileiro de Geografia e Estatística (IBGE), o setor de serviços teve participação de 67% no PIB brasileiro em 2010, sendo que, no primeiro trimestre de 2011, já representava 68% (IBGE, 2011).

Conforme Levitt, citado por Kotler (2003, p. 207), "não há essa coisa de setores de serviços. Apenas em certos setores os componentes de serviços são mais importantes ou menos importantes do que nos demais. Todos atuam em serviços". Considerando-se isso, é possível fazer a seguinte complementação:

> A prestação de serviços já se tornou essencial em todo o mundo, pode-se dizer que não há mais atividade econômica sem algum serviço embutido. A tendência mundial é o desenvolvimento desta atividade; os avanços tecnológicos e o crescimento da riqueza mundial estimularam o aumento da oferta e da demanda por serviços em todas as esferas da economia. (Mendes, 2010, p. 3)

Os produtos são entendidos como algo que pode ser **transformado**, ao passo que os serviços surgem de uma **necessidade** do consumidor. Portanto, os processos produtivos são diferentes dos serviços, apesar de que também existem os produtos com serviços agregados, e vice-versa.

Um ponto crítico para a empresa em relação aos serviços oferecidos como complemento à oferta do produto reside na **qualidade**. Muitos serviços são realizados por **pessoas** e, por isso, estão mais suscetíveis a variações em termos de qualidade e consistência. Essa variação, por sua vez, pode acontecer de uma empresa para outra, de um serviço para outro e até mesmo de um funcionário para outro pertencentes à mesma companhia. Além disso, a percepção da qualidade do serviço pode ser diferente de um cliente para outro ou de um mesmo cliente de uma visita para outra. Dessa forma, a **padronização de serviços** é um ponto que, geralmente, conduz ao sucesso, pois é muito difícil de ser controlada. Apesar disso, é importante salientar que a falta de padronização também pode levar à **customização** de serviços para atender a uma necessidade específica.

Os serviços prestados dependem do **tempo** e do **local** onde são realizados. Por isso, quando agregados ao produto, eles podem ser responsáveis pela percepção que os clientes terão desse produto e/ou da empresa, pois, se o serviço for mal executado, poderá implicar o desinteresse pela recompra do produto em questão.

Em muitos casos, os clientes não entendem a necessidade de determinados serviços. Geralmente, empresas de consultoria, seguradoras etc. têm de informar seus clientes acerca da importância de seus serviços, que, por sua vez, podem solucionar várias necessidades desses clientes, fazendo com que estes ganhem tempo, qualidade de vida e conforto e economizem dinheiro, entre outras vantagens. Essas empresas entendem que precisam desenvolver **estratégias** para provocar necessidades por parte do cliente. Já no caso de produtos com serviços agregados, os profissionais de marketing raramente precisam explicar ou definir as necessidades que estão atreladas a determinado produto, pois isso, geralmente, está **implícito**.

A importância de se ter um **suporte de serviços** tem crescido nos últimos anos, fazendo com que as empresas redesenhem seus serviços de maneira cuidadosa, assim como fazem com seus produtos (Ferrel; Hartline, 2005). Comunicar os benefícios dos serviços significa **coordenar as promessas** feitas aos consumidores e também as expectativas destes em relação à entrega dos serviços.

1.5

A importância do desenvolvimento de novos produtos (DNP)

Uma das decisões-chave relacionadas à estratégia de produtos é a **introdução de novos produtos**. Fabricantes de uma única oferta dependem de um único mercado para a sua sobrevivência; por isso, o desenvolvimento e a comercialização de novos produtos representam uma parte vital para os esforços da empresa em manter o seu crescimento sustentável.

O **desenvolvimento de novos produtos** (DNP) é toda e qualquer ação ou processo responsável pela **transformação de informações**, de **oportunidades de mercado** e de **possibilidades técnicas** em **informações** para a fabricação de bens. Isso acontece por meio de um sistema de ações e objetivos relacionados à pesquisa, ao desenvolvimento, ao marketing e à logística (Poligmano; Drumond, 2001). Esse processo tem como objetivo transformar as necessidades dos clientes em produtos vencedores (novos ou adaptados) mediante uma metodologia **estruturada** e **genérica**. Diante disso, a decisão de lançar um novo produto no mercado dependerá da escolha das alternativas e da análise de possíveis consequências em termos de **competitividade** e **investimento**.

O desenvolvimento pode se dar **externa** e **internamente**, sendo esta última a forma mais complexa e mais demorada, pois implica um processo para a confecção do novo produto (veja mais sobre isso no Capítulo 6 da primeira parte deste livro). Já o desenvolvimento externo pode acontecer por meio da aquisição de produtos fabricados por outras empresas ou por meio da compra de marcas estabelecidas, sendo que, nesse último caso, a empresa elimina o processo de desenvolvimento de uma ideia e da posterior conversão desta em produto. Além disso, é possível a aquisição de uma licença, o que diminui os riscos de fracasso caso a empresa não disponha das competências essenciais.

Mais importante do que saber o que a empresa está vendendo é ter noção do que o **consumidor está comprando**. Um exemplo desse diferencial é o **purificador de água** da Brastemp, que criou um novo modelo de negócios. Em vez de ser vendido, o purificador é alugado, além de haver a previsão do recolhimento, do descarte e da reciclabilidade do produto pela empresa. O consumidor paga uma taxa mensal e recebe, periodicamente, a visita de um técnico da companhia para fazer a manutenção. Com isso, a empresa abriu, pela primeira vez, um **canal direto de vendas** (www.maisqueagua.com.br) e passou a ofertar um **benefício** em vez de um produto. Dessa forma, a Brastemp reavaliou e descobriu que seus consumidores não adquiriam somente o serviço de locação de filtros de água potável, e sim água gelada. Esse "bem" passou, então, a ser um produto da empresa. Podemos verificar então que o marketing da Brastemp está focado em **satisfazer uma necessidade com propriedades de um produto**. Esse caso não se refere a um produto inovador, mas a uma inovação em um modelo de negócios cujas vendas foram iniciadas em R$ 130 mil e, hoje, estão em torno de R$ 200 milhões. Portanto, descubra o que é mais importante para o seu público – o que gera mais

Indicação cultural

BOYLE, R. The Three Princes of Serendip. Part 1. **The Living Heritage Trust**. Disponível em: <http://livingheritage.org/three_princes.htm>. Acesso em: 8 fev. 2012.

O *link* leva você a conhecer o conto *Os três príncipes de Serendip*. A história do britânico Horace Walpole, escrita em 1754, narra as aventuras de três príncipes do Ceilão, atual Sri Lanka, que viviam fazendo descobertas inesperadas, cujos resultados eles não estavam realmente prevendo. Graças à capacidade de observação e à sagacidade dos personagens, foi descoberta a solução para dilemas impensados. Após a leitura, avalie a importância de ter a mente aberta para múltiplas possibilidades.

Comentários finais

Se voltássemos aos primórdios da humanidade, veríamos como nossos ancestrais desenvolviam produtos em busca de soluções para questões de sobrevivência e para as primeiras necessidades. Quem não se lembra da história da **invenção da roda**?

O interesse pelo **desenvolvimento de produtos** de maneira **coordenada** e **organizada** é muito recente. Segundo estudos, data do final dos anos de 1980, quando o aumento da competição e da oferta de produtos e a abertura para o mercado internacional fizeram com que as empresas tivessem de reagir fortemente ao novo cenário.

Visto que o produto é definido com base em uma necessidade identificada, decidir sobre o tipo de oferta a ser colocado no mercado, seus atributos e benefícios, o nível de produto, os serviços agregados e seu estilo é crucial para aumentar as chances de sucesso desse produto no mercado ao qual ele se propõe a atender. Vale ressaltar que, no final do processo, o conceito do produto em questão deve ser amplamente conhecido e entendido, principalmente no que concerne ao seu desenvolvimento.

2

Inovação tecnológica: empresas, pessoas e produtos inovadores

Um aspecto fundamental na estratégia de produto, no que concerne ao desenvolvimento de novos produtos (DNP), é a inovação. Nas economias de mercados altamente competitivos e ansiosos por novidades em termos de produtos e serviços, a inovação é um desafio. Isso porque a fidelidade às marcas tem diminuído em ritmo acelerado.

2.1

Definição e características da inovação

> *Inovação* é a "introdução de novidade ou aperfeiçoamento no ambiente produtivo ou social que resulte em novos produtos, processos e serviços".
>
> Brasil, 2005.

A Lei nº 10.973, de 2 de dezembro de 2004, denominada *Lei de Inovação Tecnológica* (Brasil, 2004), representou a criação de um documento que regulamentasse as relações entre instituições de ensino e empresas, objetivando a **inovação** por parte de empresas e universidades.

Outra importante consequência da lei foi trazer a questão da inovação para a política industrial mediante incentivos, subvenções e financiamentos diferenciados para atividades de pesquisa e de desenvolvimento. No entanto, apesar dos avanços, ainda é muito reduzido o número de empresas que se valem do apoio governamental à inovação.

Uma pesquisa do Instituto de Pesquisa Econômica Aplicada (Ipea) revelou que, no Brasil, apenas 1,7% das empresas industriais inovam e diferenciam produtos.

Não bastam apenas incentivos governamentais, é preciso haver um sistema ofensivo dentro das empresas para instaurar a **gestão da inovação**, isto é, adotar a estratégia de crescimento por meio da inovação e do desenvolvimento de novos produtos. Ao optar por essa estratégia, a organização tem de aumentar os investimentos e considerar a tecnologia como a base do conhecimento e, consequentemente, como um dos estímulos ao crescimento empresarial.

> A implantação de cada inovação tende a custar mais que a anterior porque para inovar são necessários novos aportes financeiros para pesquisa, desenvolvimento, planejamento, produção, marketing e comercialização. Eis o risco de cada inovação; se o mercado assimilar como valor este "novo" que estamos ofertando, todo nosso dispêndio terá sido investimento. Se não responder desta maneira, nosso dispêndio transforma-se imediatamente em custo! (Hilsdorf, 2010)

Outro ponto importante diz respeito ao fato de que a inovação deve ser analisada de forma **sistêmica** dentro da empresa. Por mais que o produto a ser lançado seja único e tenha grandes chances de ser um sucesso comercial, se o canal de distribuição deixar a desejar, as vendas falharão.

De qualquer modo, a estratégia de inovação continua sendo muito atrativa e percebida pelo consumidor, que tem exigido cada vez mais das empresas a capacidade de se reinventarem e surpreenderem com novos produtos e soluções de mercado.

Outro ponto bastante importante quando o assunto é a adoção de uma cultura inovadora é a **criatividade**. Vale lembrar que criar não é um ato solitário. Em seu laboratório, Thomas Edison[1] trabalhava em equipe. Além disso, é importante mencionar que o processo de criação não é um ato esporádico, mas sim uma **prática constante**.

> A informalidade não é um contexto favorável à inovação. A criatividade esporádica [...] não conduz à aplicação sistemática e, assim, tende a resultar em ações isoladas que não aumentam as capacitações nem ajudam a estabelecer uma trajetória de desenvolvimento baseada na inovação. (OCDE, 2012, p. 155)

Por isso, manter um clima organizacional que busque o comprometimento individual com a organização, apoiando soluções arriscadas

---

[1] No laboratório chamado de *fábrica de invenções*, Thomas Edison e sua equipe criaram mais de mil produtos, entre eles o fonógrafo e a lâmpada elétrica (Algo, 2012).

sem punição, é uma ação que contribui para o estabelecimento de um sistema de geração de ideias constante. Quando a inovação está no espírito da empresa, incorporada ao dia a dia, quando se permite às pessoas trabalharem naquilo que as estimulam, a inovação flui. Em entrevista à revista *Época Negócios*, Nancy Tennant, vice-presidente de inovação da Whirlpool, afirmou que "a inovação é quase um lugar-comum. Não basta treinar e reunir pessoas numa sala ou gastar alguns reais em ferramentas de criatividade. É preciso transformar a companhia" (Oliveira; Barifouse, 2010). Implantar o conceito de inovação pode levar anos, principalmente em empresas globais. Mas, como todo processo é realizado por pessoas, o fator humano e o clima da organização são os aspectos mais importantes. Acrescenta-se que é indispensável a presença de um líder que guie os colaboradores nessa nova jornada.

Antes de avançarmos para o próximo tópico, é importante diferenciarmos **inovação** de **invenção**. A Lei da Propriedade Intelectual – Lei nº 9.279, de 14 de maio de 1996 – informa que a "invenção é uma concepção resultante do exercício da capacidade de criação do homem que representa uma solução para um problema técnico específico, dentro de um determinado campo tecnológico e que possa ser fabricado ou utilizado industrialmente" (Brasil, 1996).

Podemos dizer, então, que a diferença entre esses dois conceitos está no fato de a **invenção** ser uma solução tecnicamente viável, que acontece sem a identificação de um problema advindo do mercado. Já a **inovação** é uma solução tecnicamente e economicamente viável, pois parte de uma **necessidade identificada**.

Em termos de inovação, a classe de projetos assim definida pode ser classificada de acordo com três tipos: **alto**, **moderado** e **baixo índice de inovação**. O primeiro compreende o produto novo para o mundo, também conhecido como **inovação descontínua** ou **radical**, que estabelece um novo padrão de consumo, como é o caso da tecnologia digital e do primeiro avião, por exemplo.

A **inovação dinâmica** tem índice moderado, pois compreende modificações consideráveis no produto, o que altera o comportamento de consumo, mas não os padrões. Esse tipo de inovação engloba também novas linhas de produtos para uma empresa cujos bens fabricados já são conhecidos pelo mercado, bem como novos itens para linhas de produtos já existentes. Por exemplo: o lançamento das fraldas descartáveis para substituir as fraldas de pano; o *laptop* para substituir o *desktop*; e os DVDs em detrimento das fitas de vídeo VHS.

Por último, a **inovação contínua** ou **incremental** diz respeito às modificações realizadas em produtos já existentes, à redução de custos e a reposicionamentos. Vale dizer que os produtos referentes à inovação contínua ou incremental apresentam baixo índice de inovação, pois geram um efeito mínimo sobre os comportamentos do consumidor. Exemplos incluem um novo modelo do veículo Fiat Uno, a nova versão de um *software* ou um novo modelo de bolsa Louis Vuitton ou Hermès, que, a cada lançamento, chega a custar entre 30 e 60 mil reais, gerando, diga-se de passagem, uma longa fila de espera para a compra.

Nesse contexto, estudos mostram que tanto produtos com alto índice de inovação quanto os de menor índice têm boa *performance* em *market share*, em retorno sob investimento e no lançamento. Podemos concluir, então, que o índice de sucesso em inovação depende do tipo de produto, da novidade que este acarreta no mercado, do alinhamento com as estratégias da empresa e da competência desta ao realizar as análises necessárias durante a fase de desenvolvimento de novos produtos. Essa fase, por sua vez, inclui desde o planejamento estratégico, a produção e o acompanhamento do desempenho do produto no mercado até o seu descarte. Mesmo os produtos inovadores, que apresentam maiores riscos em função do investimento, ainda são os que trazem melhores benefícios à **imagem** da empresa.

Para um bom desenvolvimento de produto, a empresa deve:

- oferecer um produto superior e diferenciado, que tenha valor para os consumidores e os beneficie;
- ser orientada para o mercado, cujo foco está no consumidor e nos movimentos da concorrência;
- verificar se o produto será desenvolvido para atender ao mercado internacional;
- dar maior atenção à etapa referente ao pré-desenvolvimento e à definição do projeto, isto é, à fase do planejamento do produto,

que inclui análise de mercado, estudos técnicos preliminares e exame financeiro antes da próxima fase[2];
- desenvolver um plano de marketing que seja devidamente executado para que o lançamento do produto em questão tenha uma repercussão positiva;
- estar organizada em **estrutura**[3], ***design***[4] e **clima**[5]. o suporte da gerência é muito importante nesse processo;
- estruturar competências para o desenvolvimento do produto em suas áreas requeridas e vitais;
- verificar a atratividade do mercado, pois esse é um requisito para a seleção dos projetos;
- saber quando avançar ou recuar com o projeto para que os esforços e recursos sejam alocados corretamente;
- avaliar a viabilidade de um lançamento rápido, que consiste em uma iniciativa fundamental, desde que não comprometa a qualidade de execução[6].

Como vimos, os produtos de inovação tecnológica são aqueles com alto grau de *know-how* científico e técnico. Assim, a inovação é caracterizada pelas alterações que os novos produtos causam na infraestrutura e nos padrões de comportamento vigentes.

As inovações, no entanto, não são privilégio só de grandes empresas, com grandes recursos. Vale lembrar que o **computador pessoal** surgiu em uma empresa de pequeno porte, a Apple®, cujo idealizador

---

2 Uma curiosidade: muitos projetos são descartados justamente nessa etapa.

3 A estrutura a que nos referimos aqui vai depender do modelo de negócio da empresa. Basicamente, diz respeito à estrutura tanto física quanto de recursos humanos empregados para o desenvolvimento de produtos. Compreende desde a extensão, em m², os departamentos (engenharia, *marketing*, *design*, vendas etc.) e o número de funcionários envolvidos em cada área até o maquinário e os equipamentos de suporte e tecnológicos.

4 *Design* ou redesenho organizacional é um modelo descentralizado e criativo voltado para produtos, processos e sistemas. De acordo com Roozenburg e Eekels (1996, p. 29), metodologia de *design* "é o ramo da ciência que criticamente estuda a estrutura, métodos e regras para projetar produtos, no senso de artefatos materiais e sistemas".

5 O clima está diretamente ligado à satisfação e à motivação das pessoas dentro das organizações. De acordo com Chiavenato (1999, p. 440), "o clima organizacional reflete o modo como as pessoas interagem umas com as outras, com os clientes e fornecedores internos e externos, bem como o grau de satisfação com o contexto que as cerca".

6 Segundo um estudo recente do Product Development and Management Association (PDMA), empresas que utilizam uma ferramenta para o desenvolvimento de novos produtos estão mais propensas ao sucesso (PDMA, 2012).

foi um ex-funcionário de uma grande organização empresarial que não dava respaldo às suas ideias.

A quarta pesquisa do Instituto Brasileiro de Geografia e Estatística (IBGE) sobre inovação tecnológica, divulgada em outubro de 2010 – referente ao ano de 2008 –, constatou que ainda é baixa a taxa de inovação na indústria brasileira. Segundo a pesquisa, do total das indústrias estudadas, 38% lançaram um produto e/ou processo incrementais. Contudo, desse total, menos de 10% desenvolveram produtos ou serviços inovadores para o mercado nacional e menos de 1% das indústrias criaram inovações para o mercado mundial.

Embora essa taxa tenha aumentado em relação aos períodos anteriores, cabe chamar a atenção para a diminuição do número de empresas inovadoras que realizaram atividades de pesquisa e desenvolvimento (P&D) internas, ao mesmo tempo que as companhias que se utilizam da pesquisa e do desenvolvimento incorporados à sua estratégia aumentaram ainda mais seus investimentos e empregaram mais pessoas para essas duas atividades.

Em um estudo para a Associação Nacional de Pesquisa e Desenvolvimento das Empresas Inovadoras (Anpei), os professores Arruda, Vermulm e Hollanda (2006, p. 106-107) afirmam que

> o meio empresarial brasileiro sempre se mostrou tímido no que diz respeito aos investimentos em atividades inovativas [sic]. Estes se limitam em grande parte à aquisição de máquinas e equipamentos destinados a melhorar a eficiência do processo produtivo. Salvo importantes exceções, não faz parte da cultura e da postura da maioria das empresas localizadas no país, principalmente nas de capital nacional, o investimento na geração de conhecimentos e na sua utilização para o aumento da sua competitividade nos mercados em que atuam.

As razões para se investir em inovação envolvem as vantagens tecnológicas, as mudanças constantes das necessidades dos consumidores, a redução do ciclo de vida dos produtos e, por fim, o aumento da competição nacional e internacional.

As empresas inovadoras apresentam benefícios que lhes conferem vantagens em relação à concorrência, como o fato de criarem marcas fortes e de poderem usufruir da lucratividade do produto por determinado período, enquanto os concorrentes não lançarem bens similares. Nesse contexto, é importante mencionar que, normalmente, os canais de distribuição criados são **exclusivos** e adquirem vantagens por criar uma **barreira** aos novos entrantes. Assim, o aprendizado em termos de tecnologia faz com que a empresa, no momento do lançamento do produto, já esteja pensando em novas versões e atualizações. Entretanto, quando há a entrada de um concorrente, a empresa assume uma **posição defensiva**.

Na competição por inovação, o primeiro lugar é das organizações que introduzem a inovação; o segundo é do novo rival, que assume a posição de ataque, trazendo, normalmente, um tipo de inovação incremental em atributos e em *design*; e, por fim, o terceiro lugar é das empresas que se baseiam na estratégia de preço, aparecendo, em geral, no momento em que a nova tecnologia já foi difundida.

A figura a seguir ilustra a **curva S**, importante instrumento usado para entender o ciclo de vida de uma inovação.

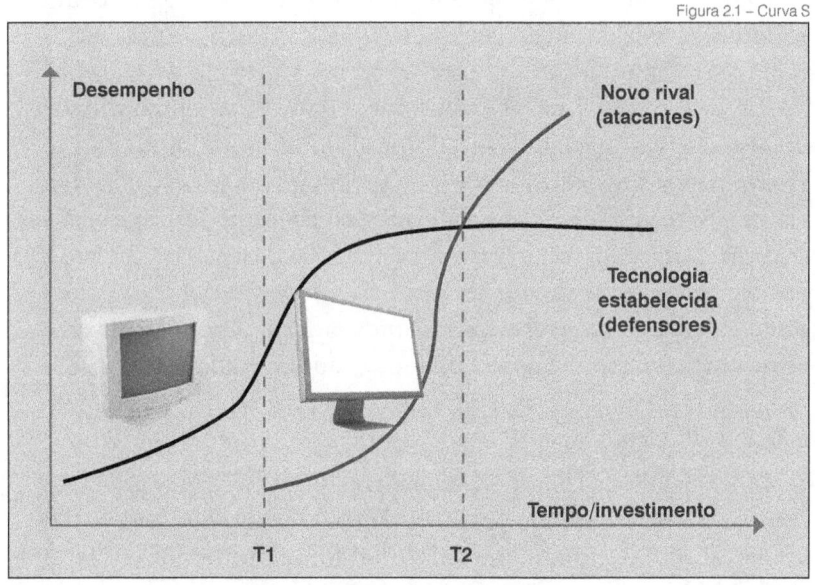

Figura 2.1 – Curva S

Fonte: Rogers, 1995.

Observando os três momentos da curva, podemos ver que a tecnologia se estabelece lentamente; em certo momento, o domínio dessa tecnologia gera maior capacidade de melhoria, configurando um "salto" na curva (fase de crescimento). Em seguida, esse "salto" chega até a maturidade da tecnologia, pois esta se aproxima do seu limite.

Existe um **padrão** na difusão de quase todas as novas tecnologias. A curva S começa com um pequeno número de adotantes, toma forma e acelera até o ponto máximo, quando metade dos adotantes potenciais já está utilizando a inovação. Em seguida, começa a declinar até a entrada dos adotantes mais resistentes à inovação.

2.2 Identificando uma oportunidade

Ao lançar uma inovação no mercado, a empresa passa a ser diferente das concorrentes, pois se, por um lado, assume maiores custos, por outro, adquire vantagens de exclusividade de lucros advindos da inovação, enquanto esta não se difundir no mercado.

Para se formular um **projeto de inovação**, é necessário haver um **produto** a ser desenvolvido, um **mercado** a ser satisfeito e uma **tecnologia** a ser empregada. Se esse trio (produto + mercado + tecnologia) for viável, rentável, factível e oportuno, cria-se uma **oportunidade de negócio**. Essa oportunidade, por sua vez, vai tornar-se um projeto efetivo para o desenvolvimento da empresa caso esteja em concordância com os recursos, com as habilidades, com as experiências e com a tradição desta, bem como com suas estratégias de negócio. Quanto à tecnologia, é preciso decidir se o acesso a esta será por meio de ações de desenvolvimento, se ela será adquirida ou realizada mediante uma associação com outra empresa ou fornecedor ou ainda se será viabilizada por meio de parcerias com universidades e centros de pesquisa e desenvolvimento etc.

Um exemplo de identificação de oportunidade de inovação foi o iPad™, da Apple®, lançado em 2010. Trata-se de um dispositivo digital móvel com navegação intuitiva cujos formato e tecnologia estão entre o MacBook® e o iPhone®. A Apple® está atenta às tendências do mercado. No caso do iPad™, a empresa identificou uma oportunidade por meio de pesquisas que revelaram a diminuição no número de leitores de materiais impressos, que passaram a migrar para soluções tecnológicas digitais. Além disso, a Apple® efetuou uma análise da concorrência, que, em 2007, lançou o Kindle, cuja função principal é proporcionar a leitura de *e-books* (livros em formato digital) e de outras mídias. A Amazon foi a primeira a introduzir esse tipo de produto, que teve grande aceitação pelo mercado americano.

Já no setor de serviços, a ausência generalizada de serviços de excelência fez com que Aaron Simpson e Ben Elliot criassem o Quintessentially Escape, um clube exclusivo no qual o associado paga uma anuidade e tem acesso a diversos serviços, que são prestados por um *concierge*[7]. Entre os serviços oferecidos, estão preparar as férias, as reservas em hotéis e em restaurantes, as viagens e até mesmo organizar as festas do cliente.

Uma ferramenta usada para que as empresas possam identificar as **oportunidades de inovação** em todos os âmbitos de atuação é o **radar da inovação**. Mais do que um mapa, ele envolve quatro dimensões-chave que servem como parâmetros para as inovações da companhia. São elas: os produtos da empresa, os consumidores a que ela atende, seus processos e funcionários e os pontos de atuação onde os produtos estão presentes.

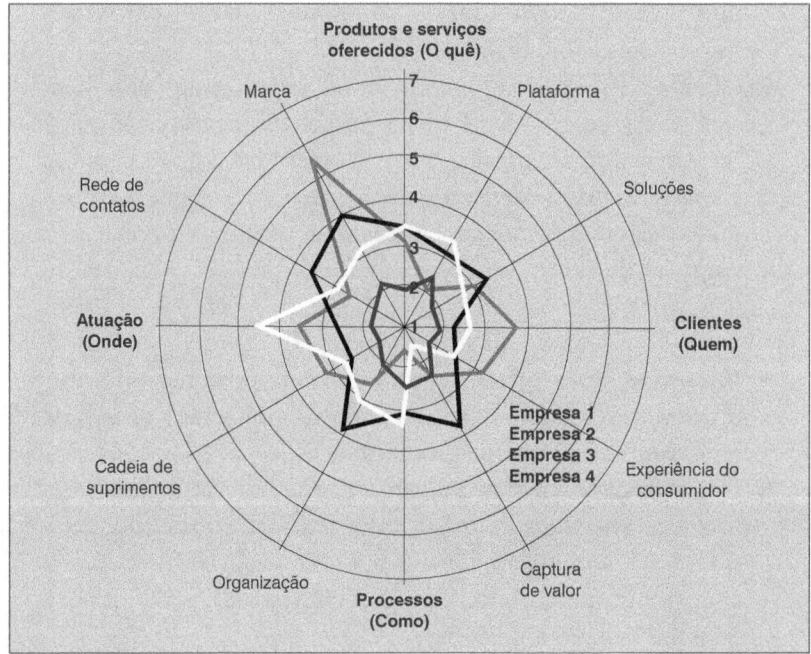

Figura 2.2 – O radar da inovação

Fonte: Adaptado de Sawhney; Wolcatt; Arroniz, 2006, p. 77.

7   Trata-se de um profissional que trabalha 24 horas por dia para realizar os desejos de seus clientes.

Cada raio representa as dimensões em que a empresa pode inovar. Esses raios são divididos em **níveis**, que indicam o **tipo de inovação** – os números 1 e 2 são **inovações incrementais**, e os níveis 6 e 7, **radicais**. Vale mencionar que o radar funciona não somente como uma ferramenta para pensar as dimensões onde a empresa pode inovar, mas também como um mecanismo para avaliar os esforços em termos de inovação.

Nesse sentido, a companhia pode inovar em:

- **Produtos e serviços (*What*)**: Aqui, as inovações deverão criar valor para os consumidores sob a forma de produtos e serviços.
- **Plataforma**: Refere-se a um conjunto de componentes, de métodos de produção ou de tecnologias que serve para construir o portfólio da empresa. Inovações de plataforma usam um mesmo módulo para criar diversas ofertas derivativas de uma forma mais rápida e mais barata do que se utilizassem itens diferentes para cada oferta.
- **Soluções**: São customizadas e formadas por uma combinação integrada de produtos, serviços e informações que solucionam os problemas dos consumidores.
- **Clientes (*Who*)**: São os indivíduos ou empresas que consomem a oferta da organização. Para inovar nesta dimensão, a empresa pode descobrir novos segmentos ou necessidades não atendidas.
- **Experiência do consumidor**: Considera tudo o que o consumidor vê, ouve e sente enquanto interage com a empresa.
- **Captura de valor**: Refere-se a mecanismos que a organização desenvolve para capitalizar com o produto ofertado, aumentando a sua capacidade de gerar renda.
- **Processos (*How*)**: Para inovar, a empresa pode redefinir seus processos visando melhorar a eficiência, aumentar a qualidade ou diminuir o tempo de produção.
- **Organização**: É a maneira como a empresa se estrutura internamente, incluindo-se, nesse caso, seus parceiros e funcionários. Aqui, a inovação envolve o ato de repensar o escopo da companhia, que culmina com a redefinição das regras, das responsabilidades e dos incentivos.

- **Cadeia de suprimentos:** Trata-se de uma sequência de atividades e agentes (distribuidores e revendedores) que gerenciam estrategicamente o fluxo de produtos, serviços, informações e também as relações entre as empresas.
- **Atuação (*Where*):** São os pontos de presença que a empresa constrói para ofertar algo no mercado, ou seja, os locais onde os produtos podem ser adquiridos ou utilizados pelo consumidor. Um exemplo de inovação seria a criação de novos canais de venda.
- **Rede de contatos:** Pode-se inovar criando canais de comunicação com o cliente que permitam respostas rápidas em relação às necessidades que possam surgir após a aquisição do produto. Outra opção é criar *blogs* e comunidades virtuais para que os clientes possam interagir com o mercado.
- **Marca:** Representa um meio para a empresa comunicar a sua promessa aos consumidores.

Por meio do radar de inovação, a empresa pode ter uma visão ampla das fontes de inovação e, assim, cogitar a possibilidade de estender determinado negócio, conforme indicam as linhas de diferentes cores que estão localizadas no centro da figura mostrada anteriormente.

2.3

Processo de adoção da inovação pelo consumidor

Dado o desenvolvimento do novo produto, Everett Rogers (1995) sugere que os clientes podem ser classificados em cinco tipos, de acordo com seu comportamento em relação à adoção de uma inovação: os **inovadores/entusiastas** (primeiros a adquirir uma inovação, assumindo os riscos; compreendem 2,5% da população); os **adotantes iniciais/visionários** (formadores de opinião que efetuam a crítica da inovação para seus seguidores; representam 13,5% da população); a **maioria inicial/pragmáticos** (trata-se dos seguidores, sendo 34% da população);

a **maioria tardia/conservadores** (nesse ponto, a inovação deixou de ser uma novidade há alguns anos; são 34%); e, por fim, os **retardatários/céticos** (para eles, a inovação já foi substituída; representam 16% da população). Nesse contexto, é importante citar uma curiosidade: o comportamento da maioria inicial tende a influenciar o dos seguintes, e assim por diante.

Um exemplo que define bem o comportamento de compra dos adotantes é a **moda**. É visível na maneira como os "ousados" se vestem a tentativa de experimentar algo que ainda é visto como tendência, apesar de já existir outro produto mais moderno entrando no mercado. Normalmente, quando a maioria inicial começa a usar determinado bem, os inovadores já estão em busca de algo novo.

A contribuição de Geoffrey Moore (2002) foi justamente identificar as diferenças entre os grupos de adotantes. Por exemplo: a maior dificuldade de transição de um grupo para outro está, segundo o autor, no intervalo entre o visionário e o pragmático. Isso porque é possível estabelecer poucas relações entre eles, apesar de que os outros grupos também apresentam particularidades e diferenças. Entre esses dois tipos de clientes, entretanto, existe um verdadeiro abismo.

O desafio, portanto, é entender as necessidades ou os desejos que existem em comum nos grupos. Assim, essas necessidades e desejos poderão ser difundidos "viralmente", isto é, **de um para o outro**. Por exemplo: quanto maior o número de pragmáticos conquistados, mais fácil é o processo de difusão para o próximo grupo, já que o diálogo entre esses grupos não acontece em função de suas características sociais específicas. O que acontece, na verdade, é um **transbordamento de informações**, que atinge os grupos sucessivamente.

Um aspecto interessante no que diz respeito à conquista de pragmáticos é o fato de que, além de representarem 34% da população, esses clientes estão sendo conquistados de maneira definitiva, ou seja, têm se tornado bastante fiéis. Por outro lado, permanecer nos visionários, esperando que uma transição entre os grupos aconteça naturalmente, significa se colocar em uma situação de risco, já que a companhia "não conquistará os pragmáticos enquanto não houver conquistado outros pragmáticos" (Sande, 2006). Transpor essa fenda de comunicação entre os dois grupos é o que Moore chama de "atravessar o abismo".

Figura 2.3 – Curva referente à adoção de produtos inovadores

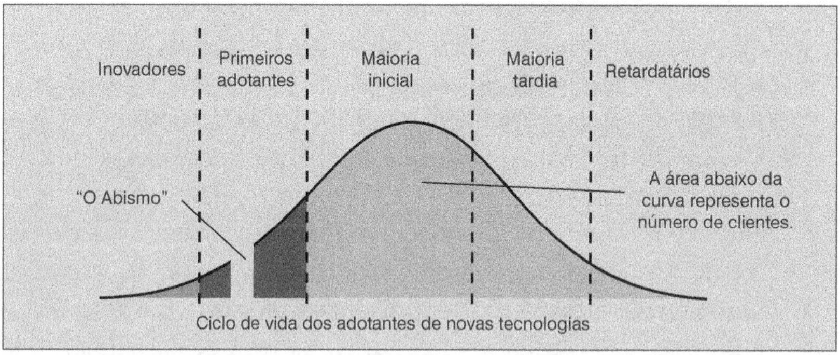

| Inovadores | Primeiros adotantes | Maioria inicial | Maioria tardia | Retardatários |

"O Abismo"

A área abaixo da curva representa o número de clientes.

Ciclo de vida dos adotantes de novas tecnologias

Fonte: Moore, 2002.

Depois de serem conhecidos os adotantes de uma inovação, outras características devem ser levadas em consideração, pois deverão intervir na velocidade com que uma inovação será adotada pelos consumidores. Essa velocidade, menor ou maior, é traduzida como o que Rogers (1995) chama de *taxa de adoção*.

Os atributos comentados na sequência ajudam a compreender por que a internet, por exemplo, levou poucos anos para se difundir, enquanto o forno de micro-ondas levou décadas para ser utilizado.

Figura 2.4 – Linha do tempo referente ao sucesso da internet

O sucesso meteórico da internet								
Quando foram lançadas e quantos anos as seguintes invenções levaram para ser utilizadas por mais de 50 milhões de pessoas								
1873	1876	1886	1906	1926	1953	1975	1983	1993
Eletricidade	Telefone	Automóvel	Rádio	Televisão	Forno de micro-ondas	Computador pessoal	Celular	Internet
46 anos	35 anos	55 anos	22 anos	26 anos	30 anos	16 anos	13 anos	4 anos

Fonte: Revista Veja, 1998, p. 36.

- **Vantagem relativa:** Em que grau uma inovação pode ser percebida como melhor que o produto anterior? O que os consumidores ganharão com isso? Essas vantagens devem ser comunicadas pelo profissional de marketing, que poderá medir "o grau de vantagem relativa [...] em função da rentabilidade econômica, prestígio social, baixo custo inicial, economia de tempos e esforços, recompensa imediata etc." (Amorim, 1999).
- **Compatibilidade:** A inovação é compatível com valores existentes, com experiências passadas e com as necessidades dos adotantes potenciais? Quanto mais compatível com esses elementos ela for, menor o grau de incerteza em adotá-la. Nesse sentido, fazer uma ligação entre a inovação atual com a que já é utilizada pelos usuários seria uma maneira de aproximar a oferta do consumidor potencial.
- **Complexidade:** Qual é o grau de dificuldade do entendimento e da utilização percebido pelo potencial adotante? Quanto mais fácil for o entendimento e a utilização de uma inovação, mais facilmente ela será adotada. Por isso, é importante conhecer o público-alvo do produto em questão.
- **Tentabilidade:** O potencial adotante pode experimentar a inovação antes de adquiri-la? Inovações que podem ser testadas antes de serem adquiridas, geralmente, são adotadas mais rapidamente.
- **Observabilidade:** Os resultados de uma inovação são visíveis? É interessante que os potenciais adotantes vejam outros indivíduos utilizando-a. Essa visibilidade pode ser obtida, por exemplo, por meio de testemunhos.

2.4

O impacto da internet na administração de produtos

O setor da tecnologia da informação entrou em sua terceira fase. A primeira foi em 1950, com os computadores de grande porte e os *mainframes*.

A segunda ocorreu com a tecnologia dos computadores pessoais, ou microcomputadores, a partir da década de 1970.

Nesse contexto, ressaltamos que a difusão da tecnologia digital por meio de microprocessadores em produtos como os *smart cards*, os *smartphones*, as casas autossustentáveis etc. está proporcionando inúmeras oportunidades de novos negócios.

Outra importante consequência da internet é a **informação digital**. Segundo um levantamento do Ibope/NetRatings divulgado em 2008, 18,3 milhões de brasileiros possuíam acesso à internet em casa em junho de 2005, número que, dois anos depois, saltou para 35,5 milhões. Por meio desses dados, é possível concluir que o Brasil é o país onde a população passa mais tempo conectada, seguido pela Alemanha (Aldeia Tecnologia, 2012).

Uma inovação que é imediatamente assimilada pelas pessoas é responsável por transformar o que já existe. Os textos veiculados a *sites*, redes sociais, *blogs* e telefones celulares transformaram a linguagem verbal, assim como o fluxo de informação, que, antes, se dava em meio físico e analógico.

A estratégia de **customização em massa**, em que o cliente pode montar o carro ou o computador que deseja por meio dos atributos oferecidos no *site* das empresas, também tem sido considerada a nova tendência para a obtenção de crescimento e vantagem competitiva. Considerando-se isso, vale mencionar que as empresas precisam explorar a internet de maneira econômica e rápida para a customização de produtos e serviços em grandes quantidades.

Com a redução do ciclo de vida dos produtos, as empresas lançam mais produtos em menos tempo, e a internet é uma das grandes responsáveis pelo aumento na velocidade do desenvolvimento e do lançamento desses novos produtos. Ela é responsável também pela difusão das informações sem fronteiras, colaborando para que os produtos sejam conhecidos com maior rapidez.

Em 2009, a Fiat lançou na internet o desafio de desenvolver um **carro-conceito** em uma plataforma que ficaria aberta por um ano. Isso aconteceria por meio do desenvolvimento compartilhado (também conhecido como *open innovation*, que contava com a participação de usuários de todo o mundo). O objetivo era pensar em um carro para o futuro. Foram mais de 11 mil ideias postadas por 17 mil participantes. Além disso, houve 2 milhões de acessos à página. O lançamento da campanha ocorreu em 2010, no Salão do Automóvel de São Paulo, principal evento da categoria.

Esse é um exemplo de **projeto inovador** transmitido *on-line*, em que até mesmo a concorrência pôde ter acesso ao processo de desenvolvimento do produto. É importante mencionar que, nas outras empresas do setor, processos como esse são **sigilosos**.

A internet é uma importante ferramenta não só de divulgação e disseminação de informações, mas também de **vendas** (*e-commerce*). Em alguns casos, o acesso virtual é o único meio de contato com o produto, como é o caso da galeria de arte virtual Motor. Esse projeto inovador une artistas das 12 melhores galerias do Brasil e tem uma parceria com a plataforma do *site* Submarino para a venda de obras de arte a preços acessíveis para todo o Brasil. Desde o lançamento da galeria virtual, apenas o Acre não tinha acesso ao *link*.

O mais importante nesse tipo de iniciativa é o respaldo de especialistas na seleção das obras, o que confere ao projeto credibilidade e segurança para comprar on-line. Além disso, o projeto eliminou o constrangimento por parte dos consumidores, em virtude do fato de galerias de arte serem consideradas ambientes elitistas.

A nova máxima das empresas e profissionais de marketing consiste em **monitorar** e **potencializar** os clientes em redes sociais, como o Twitter, o MySpace, o Facebook, o Instagram e o YouTube. Para acompanhar os clientes e os potenciais clientes, as empresas precisam estar onde eles estão. Segundo um estudo do Instituto Brasileiro de Inteligência de Mercado (Ibramerc), a adesão às redes sociais pelas empresas já é de 65% (Portal Educação, 2012).

Assim, as empresas que não explorarem o potencial da nova economia digital estarão perdendo em termos de **vantagem competitiva** e de **participação de mercado**.

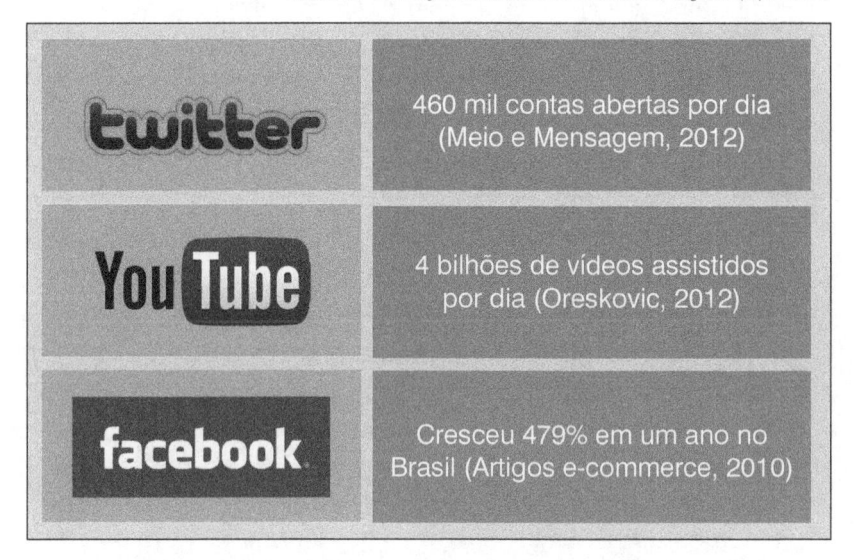

Quadro 2.1 – Informações numéricas sobre redes sociais de grande popularidade

twitter	460 mil contas abertas por dia (Meio e Mensagem, 2012)
YouTube	4 bilhões de vídeos assistidos por dia (Oreskovic, 2012)
facebook	Cresceu 479% em um ano no Brasil (Artigos e-commerce, 2010)

Além da atuação proativa da empresa, sua marca pode estar circulando pelas redes sociais por meio de perfis falsos, que não foram criados pela companhia em questão.

No Facebook, páginas como a do "Reclame Aqui" são acessadas diariamente por empresas para que estas tenham conhecimento das críticas a seus produtos e entrem em contato com os consumidores insatisfeitos, objetivando resolver os problemas supostamente mencionados. Dessa forma, a empresa tem a oportunidade de reagir ao possível impacto negativo que uma postagem poderia causar à imagem de sua marca. Outro aspecto referente ao uso dessas ferramentas reside nas oportunidades de **geração de novos negócios**, de **relacionamento**, de **divulgação** e de **pesquisa**. O segredo desse modelo de comunicação é falar **com** as pessoas, e não somente **para** elas.

Como a sua empresa atua em relação a novos produtos? Você tem conhecimentos suficientes nesse sentido? Muitas empresas não produzem estatísticas referentes à quantidade de recursos investidos em produtos que fazem sucesso e que fracassam.

Qual é o histórico de P&D da sua empresa? Faça uma lista completa dos "novos" produtos que a empresa lançou nos últimos cinco anos e, em seguida, responda: Quais dos tipos de inovação de produto estão gerando mais lucros para a companhia? Em quais deles estão sendo investidos mais dinheiro e esforço?

Se você deseja definir uma estratégia de inovação e tecnologia para o seu negócio, utilize o **modelo das cinco forças de Porter** (ameaça de novos entrantes, rivalidade entre concorrentes, poder de negociação de clientes e fornecedores e ameaça de produtos substitutos) para fazer uma análise aprofundada da indústria em que você deseja atuar. Realize uma busca para averiguar as necessidades não atendidas e os espaços inexplorados e, na sequência, cogite parcerias e fontes financiadoras caso seja necessário. Veja mais sobre espaços inexplorados de mercado no Capítulo 5 da primeira parte deste livro.

Indicação cultural

BOOZ & COMPANY INC. **Estudo da Booz & Company aponta as 1.000 empresas que mais investem em Pesquisa & Desenvolvimento no mundo.** 21 out. 2008. Disponível em: <http://www.booz.com/br/home/42544763/42545771/42555761/45150517>. Acesso em: 8 fev. 2012.

Em um estudo da Booz & Company realizado em 2007 sobre investimentos de empresas em P&D, chegou-se à conclusão de que os melhores resultados não estão diretamente ligados a altos investimentos. "É o processo, não o bolso", segundo a consultoria. Por isso, é importante repensar a tônica **"organizar para crescer"**!

Comentários finais

A adoção da inovação tecnológica por parte das empresas, tanto em nível físico quanto social, considerando-se processos, alterações nos modelos de negócio e novas propostas de comunicação, possibilitou a entrada dos mais diversos produtos no mercado e a concretização de ideias inovadoras.

Em um mundo globalizado, as empresas não podem mais se dar ao luxo de copiar processos de outras companhias, mesmo que estas façam melhor que a concorrência. É nesse contexto de diferenciação que os produtos estão situados e que o conceito de **inovação** surge para que as empresas repensem seus setores, a fim de garantir um presente lucrativo e um futuro sustentável.

3

Gestão estratégica de portfólio e ferramentas para a tomada de decisão

Segundo Robert Cooper (2003), existem **dois caminhos** para que você consiga alcançar o sucesso em relação a novos produtos: 1) escolher os melhores projetos para desenvolver; e 2) realizar os projetos corretamente. Assim, tão importante quanto um projeto benfeito é escolher o mote certo. Caso contrário, os resultados não serão satisfatórios. A escolha dos melhores projetos envolve mais do que uma **seleção individual**, ela inclui também o conjunto completo de investimentos e tecnologias possíveis para a concretização desses projetos.

Em geral, as empresas não dispõem de recursos suficientes para financiar todas as oportunidades referentes a novos produtos. É nesse cenário que a **gestão de portfólio** atua, já que proporciona métodos para a **seleção** dos melhores projetos dentro do contexto amplo do negócio. Essa seleção ocorre, normalmente, na fase do escopo, que precede a etapa que diz respeito ao desenvolvimento. **A escolha dos projetos certos tem impacto direto no sucesso de novos produtos**.

Por outro lado, a realização eficaz dos procedimentos do projeto requer a construção de um **canal** com o consumidor e a utilização de equipes multidisciplinares, entre outras ações que implicam o desenvolvimento de novos produtos, assunto que será abordado no Capítulo 6 da primeira parte deste livro.

3.1

Aspectos organizacionais e o papel do gerente de produto

Para obterem novos ganhos de desempenho em direção à inovação, as empresas reestruturam sua organização e empregam equipes multifuncionais para integrar vários departamentos no desenvolvimento de novos produtos. Essa prática organizacional é inovadora, já que o capital intelectual proporciona os elementos diferenciadores que agregam valor ao negócio, sustentando a vantagem competitiva da empresa.

Sob o aspecto organizacional, a gestão do desenvolvimento de produto é uma atividade que tem o papel fundamental de **coordenar os diferentes pontos de vista** dos profissionais envolvidos, advindos de diversas áreas da empresa, bem como o de **administrar os conflitos** gerados por visões distintas. Para isso, o **gerente de produto** – função criada pela empresa de bens de consumo Procter & Gamble em 1927 – pode funcionar como um **mediador** entre essas áreas. Esse profissional deve reagir rapidamente diante de determinadas situações, pois está ligado diretamente ao que acontece com o produto, ao mesmo tempo que atua como seu "defensor". Por outro lado, é possível que ele enfrente alguns desafios principalmente em relação às áreas de marketing, engenharia e *design*, visto que, geralmente, esses departamentos têm dificuldade de entender o escopo de trabalho do gerente de produto. Entre os desafios a serem enfrentados, estão a ausência de recursos e as dificuldades para defender propostas.

A organização para novos produtos irá depender do tipo de item que a empresa quer desenvolver, bem como do porte desta. Segundo Kotler (2000), as funções que estão diretamente ligadas ao desenvolvimento de novos produtos são:

- **Gerentes de produto**: O gerente de produto está focado nos produtos atuais da empresa. A ferramenta fundamental para o gerenciamento de produtos, uma vez lançados no mercado, é avaliar como as inovações são difundidas entre os consumidores

adotantes e o ciclo de vida do produto. Por meio dessas ferramentas, o gestor pode antecipar-se às mudanças no mercado e alterar suas estratégias de marketing.
- **Gerentes de novos produtos**: Esses profissionais se reportam aos gerentes de categorias ligadas ao produto e à empresa (o creme dental Colgate®, por exemplo, faz parte da categoria de cremes dentais). Os novos produtos que esses gerentes normalmente têm de coordenar referem-se a modificações e à extensão de linhas.
- **Comissões de novos produtos**: São encarregadas de aprovar as ideias que deverão tornar-se projetos da empresa.
- **Departamentos de novos produtos**: Têm acesso à alta gerência. São responsáveis pelas fases de desenvolvimento de novos produtos, desde a geração de ideias até o lançamento.
- **Equipes de empreendimento de novos produtos**: São compostas por pessoas de vários departamentos (interdepartamentais). Essas equipes são encarregadas de desenvolver produtos. Vale ressaltar que elas se desfazem ao final de cada projeto.
- **Pesquisa e desenvolvimento (P&D)**: Consiste no trabalho criativo e coordenado de longo prazo ligado à tecnologia, cuja base do acúmulo de conhecimento tem caráter inovador. A pesquisa refere-se a uma investigação original, realizada com a finalidade de se obterem novos conhecimentos dirigidos a um objetivo prático, que pode permear produtos e processos no âmbito organizacional ou de marketing. A partir do momento em que a pesquisa avança para o desenvolvimento de produtos, ela se torna mais descentralizada. Nesse contexto, é importante mencionar que as empresas podem implantar um departamento de P&D ou estabelecer parcerias com universidades e centros de P&D, que, geralmente, trabalham mediante contrato.

3.2

Gestão de portfólios competitivos

É incomum empresas comercializarem apenas um produto. Normalmente, elas comercializam uma variedade de produtos para atender a necessidades diferentes. Esse conjunto de produtos que a empresa desenvolve ou comercializa é chamado de *portfólio*.

A gestão de portfólio[1] é um desafio vital para o gerenciamento. Exemplos mostram que os negócios com melhores desempenhos atribuem maior grau de importância à gestão de portfólio, além de ressaltarem os efeitos positivos da aplicação dessa metodologia no processo de desenvolvimento de produtos. Aqui, os desafios estão na tomada de decisão das empresas. O primeiro envolve situações em que existem mais oportunidades de novos projetos do que recursos para comercializá-los, e o segundo diz respeito à habilidade de gerenciamento desse conjunto de produtos, isto é, de projetos que estão em andamento e que deveriam ter sido abandonados anteriormente, além de muitos projetos considerados ruins, que não são lucrativos. Por isso, a ferramenta a ser empregada no processo de desenvolvimento de novos produtos deve funcionar como um **ponto de controle**; projetos com ausência de qualidade precisam ser rapidamente desconsiderados.

Nesse contexto, o termo *projeto* diz respeito a um esforço temporário empreendido para a criação de um produto, serviço ou resultado específico. Para auxiliar na escolha dos projetos que deverão compor o portfólio, é necessário, primeiramente, responder a algumas perguntas, tais como:

---

1 É possível definir *gestão de portfólio* como um processo estruturado de decisão sobre quais projetos devem ou não ser desenvolvidos dentro da organização. Esse processo envolve a avaliação de produtos já existentes e a identificação de novas ideias, bem como a priorização e a escolha.

> Que ideias serão transformadas em projetos de produto (seleção)? Que novos produtos serão acrescentados às linhas? Quais itens existentes deverão ser abandonados? Quanto tempo o produto projetado necessita para penetrar no mercado? Quantos produtos precisarão estar na linha? Como equilibrar um portfólio de produtos? Deve ser usada uma estratégia de diferenciação ou não? Qual o melhor posicionamento do produto? Que marca usar – uma individual ou uma marca que se estende a uma linha de produtos?

As respostas para algumas dessas perguntas serão explicitadas no decorrer dos capítulos.

O processo de geração de ideias acontece com base na escolha da empresa em relação ao tipo de produto que ela deseja desenvolver. Esse produto pode, por exemplo, ser totalmente novo, apresentar apenas uma modificação ou consistir em algo novo para uma linha já existente etc. As ideias podem ser obtidas por intermédio de funcionários, clientes, vendedores, distribuidores e fornecedores, bem como por meio de visita às feiras do setor e de tecnologia, do atendimento ao cliente, de revistas especializadas e de produtos do concorrente, entre outros recursos.

Outra técnica utilizada é a de **livre associação**, que consiste na realização do levantamento de determinado aspecto do produto por meio da anotação de todas as ideias que surgirem. Há também a análise do fracasso das empresas, que, segundo Robert McMath e Thom Forbes (1998), muito pode se dizer sobre o motivo do fracasso de determinado produto, o que culminará com a busca de soluções para resolver o problema em questão. Posteriormente, o fracasso de determinado bem poderá converter-se em **aprendizado** para a empresa. Ao verificar os pontos fracos de um produto ou de uma linha de produtos em relação ao concorrente, a organização poderá transformar esses aspectos em **ganhos**. Além disso, é importante listar os benefícios oferecidos pelo produto atual e encontrar novos.

No caso do aumento do composto de produtos da marca, é preciso "perguntar" ao mercado-alvo se a extensão para dado produto faz sentido. Caso contrário, isso poderá comprometer as vendas e acarretar até mesmo a retirada do produto do mercado precocemente. Considerando-se isso, vale a pena mencionar a utilização da **técnica de brainstorming** (que consiste na definição do problema, na geração de soluções e na implementação da solução escolhida) e de **sessões interativas** com clientes potenciais. Essa última técnica envolve discussões sobre as possíveis melhorias do produto. Vale ressaltar que, quando essas reuniões acontecem, engenheiros escutam as conversas na sala ao lado. Isso permite que as pessoas envolvidas tenham uma maior liberdade ao expressar ideias e opiniões.

Com base em um **banco de ideias** alimentado constantemente, passa-se para a **seleção**. Em seguida, uma ideia é escolhida após ser exposta a uma lista de critérios. Essa ideia transforma-se, então, em um **projeto** (ver detalhes de priorização de ideias nas figuras a seguir), que, por sua vez, entra para uma **lista de espera**, junto a outros projetos que aguardam aprovação com base na **prioridade estratégica** da empresa.

Quadro 3.1 – Matriz multicritérios para priorização de ideias (processos)

	Peso	Notas				Ideias			
		0	1	3	5	1	2	3	n
Redução de custo	3	Nula	Baixa	Média	Alta	5	1	5	1
Melhoria de qualidade	1	Nula	Baixa	Média	Alta	3	3	5	5
Complexidade de implementação	4	Muito alta	Alta	Média	Baixa	1	5	3	1
Aumento de produtividade	5	Nulo	Baixo	Médio	Alto	1	2	5	5
Custos de P&D para realização	4	Muito alto	Alto	Médio	Baixo	3	5	1	4
Tempo de realização	3	Muito alto	Alto	Médio	Baixo	3	1	5	1
Investimento de capital	5	Muito alto	Alto	Médio	Baixo	5	5	3	3
		Prioridade				5,8	6,7	7,3	5,7

Fonte: Coral; Ogliari; Abreu, 2008, p. 79.

Quadro 3.2 – Matriz multicritérios para priorização de ideias (produtos)

	Peso	Notas			
		0	1	3	5
Contribuição para os resultados (tangível)	3	Nula	Baixa	Média	Alta
Contribuição para a imagem/marca (intangível)	1	Nula	Baixa	Média	Alta
Probabilidade de aceitação dos consumidores	4	Nula	Baixa	Média	Alta
Vantagem competitiva Benefícios únicos para o consumidor	5	Nula	Pequena	Média	Grande
Participação no mercado (*market share*)	4	Nula	Pequena	Média	Alta
Probabilidade de crescimento do mercado	3	Nula	Pequena	Média	Alta
Investimento total (P&D, Marketing, Produção)	5	Muito alto	Alto	Médio	Baixo
Retorno sobre o investimento	3	Nulo	Baixo	Médio	Alto
Potencial técnico para o desenvolvimento	3	Nulo	Baixo	Médio	Alto
Aproveitamento das competências atuais e pretendidas	4	Nulo	Baixo	Médio	Alto
Tempo para o desenvolvimento e introdução do produto no mercado	5	Muito grande	Grande	Médio	Pequeno

Fonte: Coral; Ogliari; Abreu, 2008, p. 80.

Uma vez **aprovado** e com recursos alocados para o seu desenvolvimento, o projeto em questão entra para a chamada *carteira de projetos ativos*, começando a ser desenvolvido.

Um projeto também pode ser **redirecionado**. Nesse caso, ele é mantido com a condição de que haja um conjunto específico de modificações em seu escopo ou uma investigação mais profunda sobre a viabilidade tecnológica tanto do produto quanto do processo. Em seguida, ele pode passar por um **estudo funcional** ou ser **cancelado**. O cancelamento deve ocorrer nas fases iniciais do processo de desenvolvimento de produtos em função dos custos envolvidos. É importante dizer que esse cancelamento é geralmente causado por **variáveis incontroláveis**.

Figura 3.1 – Portfólio de produtos para o mercado

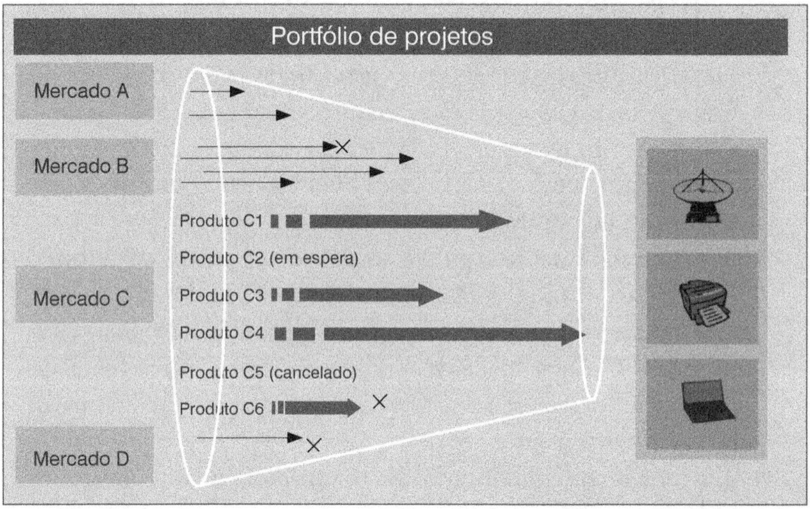

Portfólio de projetos

- Mercado A
- Mercado B
- Mercado C
- Mercado D

- Produto C1
- Produto C2 (em espera)
- Produto C3
- Produto C4
- Produto C5 (cancelado)
- Produto C6

Fonte: Rozenfeld et al., 2006, p. 46.

Na figura anterior, os projetos de **C1** e **C6**, que serão transformados em **produtos**, estão voltados para atender ao mercado **C**. Esses projetos estão em diferentes estágios de desenvolvimento (o projeto C1 está sendo finalizado, o **C2**, congelado, o **C3** está sendo desenvolvido, o **C4**, lançado e, portanto, entrando no mercado, o **C5** foi cancelado e o **C6** está no início da fase referente ao desenvolvimento). A quantidade de projetos paralelos depende da **capacidade** e dos **recursos** da empresa.

Todo processo de **seleção de projetos** deve ser analisado sob o ponto de vista **gerencial**. Nesse sentido, os projetos devem estar alinhados com os **objetivos** da empresa. Esses objetivos são:

- **Garantir que o portfólio final de projetos reflita a estratégia de negócios da companhia.** Por exemplo: Se a meta da empresa é competir por uma diferenciação de custos, voltados para a classe C, o conjunto de produtos deve permitir que essa empresa elabore uma linha de produtos para esse fim. Se há projetos de produtos sofisticados, com tecnologias inovadoras, isso significa que a carteira desses projetos não está alinhada com a estratégia da organização.

- **Maximizar o valor do portfólio de produtos ofertados pela empresa, como a lucratividade e o valor de marca, o ROI (*Return on Investment*) ou algum outro fator estratégico.** Devemos tomar cuidado, pois, para a maioria das empresas, os projetos mais lucrativos se baseiam na perpetuação de produtos de sucesso da empresa. Se esse for o único critério usado, a companhia corre o risco de elaborar somente projetos com esse mote, comprometendo o seu futuro.
- **Alocar recursos, assegurando que estes sejam distribuídos de forma adequada e suficiente entre os demais projetos.** No caso de empresas pequenas e iniciantes, a gerência terá de analisar a capacidade de venda que o conceito referente ao novo produto representa. O objetivo é prospectar auxílio financeiro, evidentemente.
- **Ter uma estratégia de equilíbrio, por meio de um portfólio balanceado, para manter uma proporção adequada de inovação, risco e lucratividade.** Aqui, é possível combinar projetos altamente inovadores, capazes de manter a sobrevivência da empresa no longo prazo. Uma ferramenta útil para balancear o portfólio é a **matriz BCG** (Boston Consulting Group), que auxilia tanto no mapeamento quanto no gerenciamento da evolução decorrente do ciclo de vida natural dos produtos e serviços. Um portfólio bem balanceado é aquele que mantém produtos nos quatro quadrantes. Por exemplo: produtos "vacas leiteiras", ou seja, que atuam em um mercado com baixo potencial de crescimento, mas com alta participação de mercado, são geradores de receita porque dominam um mercado que não atrai muitos novos entrantes e, portanto, ajudam a financiar novos produtos e a transformar pontos de interrogação em estrelas. Essas estrelas têm grande participação em mercados com altas taxas de crescimento e necessitam de grandes investimentos, porém produzem alto retorno financeiro. Quais pontos de interrogação serão transformados em estrelas é uma decisão estratégica básica. Nesse contexto, os pontos de interrogação

que não forem escolhidos devem ser administrados até virarem "abacaxis"[2], devendo ser retirados do portfólio depois de gerarem o caixa correspondente ao retorno do investimento aportado.

Figura 3.2 – Matriz BCG

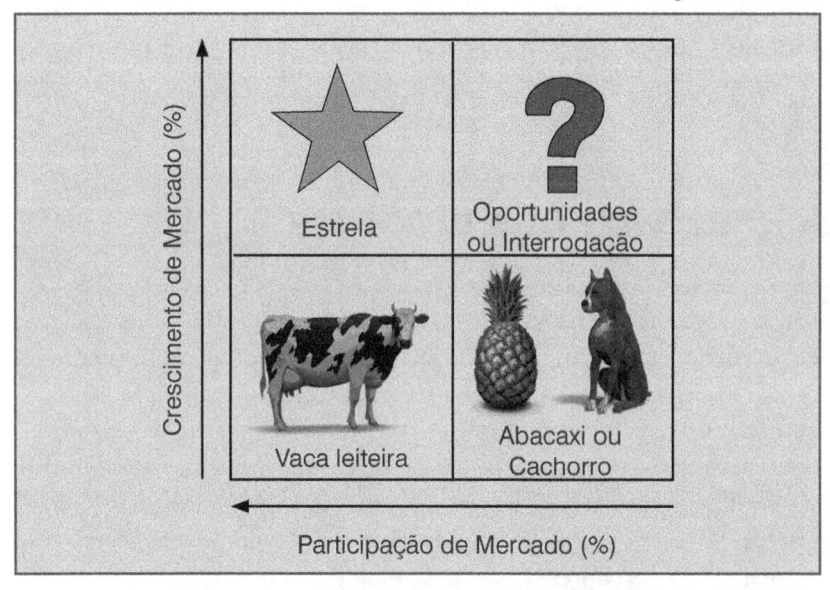

[Figura: Matriz BCG com quatro quadrantes. Eixo vertical: Crescimento de Mercado (%). Eixo horizontal: Participação de Mercado (%). Quadrantes: Estrela (estrela), Oportunidades ou Interrogação (ponto de interrogação), Vaca leiteira (vaca), Abacaxi ou Cachorro (abacaxi e cachorro).]

Fonte: Serrano, 2006.

Para entendermos melhor essa ferramenta, devemos conhecer o **índice de crescimento do setor** onde está inserida. Na figura anterior, esse índice está definido pelas porcentagens nos quadrantes. Em relação à participação relativa de mercado, temos de utilizar o número que resulta da divisão das vendas do produto analisado pelas vendas da maior empresa concorrente do setor em questão. Uma participação de mercado relativa de **10** significa que a empresa tem um número de vendas **10** vezes maior que seu concorrente mais próximo, enquanto uma participação relativa de **0,1** significa que o produto tem somente **10%** das vendas de seu maior concorrente, sendo, portanto, um "abacaxi". Por exemplo: a empresa responsável pelo refrigerante Cola Líder (vaca leiteira) tem *market share*[3] relativo de 7,8 em relação ao concorrente mais próximo, enquanto o Guaraná X (considerado um "abacaxi") tem **0,09** em relação ao Guaraná Y.

---

[2] Os produtos considerados "abacaxis" têm baixo crescimento em relação ao mercado e, por esse motivo, são abortados.

[3] Refere-se à participação de mercado da empresa.

A aplicação da gestão de portfólio é uma prática ainda muito recente em várias empresas, e os procedimentos técnicos ainda não estão consolidados. No entanto, as companhias estão se organizando para isso, visto que, uma vez inserido no mercado, o produto precisa de acompanhamento e de avaliações constantes. Para isso, é necessária uma prática que ofereça ferramentas para a análise de portfólio.

3.3

Ciclo de vida dos produtos

O ciclo de vida dos produtos, em geral, está cada vez mais **curto**. Nesse sentido, é importante ressaltar que alguns fatores aceleram o ciclo de vida. Por exemplo: quanto **maior** a vantagem relativa do produto, como um preço estrategicamente baixo, sendo o bem percebido como de fácil uso e compatível com o comportamento de consumo, mais rápida e ampla será a aceitação e mais **curto** será o ciclo de vida. Quando os produtos são facilmente copiáveis, não têm patentes ou os processos de produção não são complexos, mais rapidamente entram como concorrentes no mercado, e isso **apressa** o ciclo de vida. Por isso, os gerentes de produtos devem **analisar a natureza do bem em questão**, bem como os comportamentos, as tendências de consumo e o ambiente da concorrência para **retardar** o declínio por meio de **estratégias de marketing**. Uma vez que o produto está no mercado, o gestor irá administrar o ciclo de vida até a retirada deste.

O conceito de **ciclo de vida** é bastante utilizado como ferramenta para a decisão de estratégias de marketing porque estabelece que o produto percorre **quatro fases** ao longo de sua existência no mercado. São elas: **introdução**, **crescimento**, **maturidade** e **declínio**. Em cada uma delas, vendas e lucros evoluem de acordo com o **tempo**.

O ciclo de vida do produto sofre influências **diretas** do ambiente interno da empresa, dentro das áreas de produção, marketing, recursos humanos e finanças. Além disso, é influenciado pelo **mercado**, compreendido por uma visão **micro** (consumidores, fornecedores e distribuidores) e **macroambiental** (aspectos políticos, culturais, éticos, legais, sociais e econômicos).

3.4

Fases do ciclo de vida dos produtos e ações estratégicas de marketing

Vejamos a seguir uma apreciação mais apurada das fases do ciclo de vida dos produtos e as ações promovidas pelos setores de marketing das empresas para manter a longevidade destes no mercado.

- **Desenvolvimento do produto**: Nessa fase, a empresa não apresenta vendas, e, sim, investimentos em termos de inovação e desenvolvimento de um produto. Os riscos são maiores em função das incertezas, ou seja, em virtude da possibilidade de os projetos serem cancelados ou congelados em razão de **variáveis incontroláveis**. A indústria farmacêutica, por exemplo, compreende bem esses desafios. Empresas como Merck e Pfizer gastam milhões a cada ano para o desenvolvimento de novos remédios. Depois de identificarem novas fórmulas, levam anos testando-as até obterem a certificação da Food and Drug Administration (FDA)[4]. Uma vez que os remédios estão no mercado, as empresas têm poucos anos para recuperar o investimento antes que a patente dos medicamentos expire e a competição com os remédios genéricos seja iniciada. Atividades de marketing não acontecem nesse estágio, mas um planejamento estratégico deve ser preparado para a geração de bons resultados nos estágios seguintes.
  - **1º Lançamento/introdução**: Nesse estágio, os consumidores precisam ser informados acerca do produto que está entrando no mercado. Para bens de tecnologia intensiva, essa fase pode ser longa, uma vez que o processo envolvendo o convencimento dos consumidores acerca da eficácia do produto em questão é demorado. Fracassos nessa etapa são ainda mais custosos do que na fase de desenvolvimento

---

4 Agência americana abrangida pelo Departamento de Saúde e Serviços Humanos (Department of Health and Human Services). Correspondente à Agência Nacional de Vigilância Sanitária (Anvisa), no Brasil.

em função dos altos investimentos em marketing e em distribuição. Além disso, os lucros praticamente inexistem, desafiando a empresa, que deverá manter dinheiro em caixa para sustentar a construção da demanda pelo produto. Nesse contexto, vale a pena mencionar que, dependendo do tamanho da empresa e do fato de esta ser conhecida ou não, ela poderá ter dificuldade para vender o bem a revendedores.

- **Estratégias de marketing:** Visam atrair consumidores gerando informações por meio de profissionais da área de relações públicas e de publicidades que mostrem as principais características e benefícios do produto em questão. É comum também o uso de formadores de opinião para que estes, por meio de atividades educativas, convençam a população a comprar o bem. Por isso, é importante **fortalecer e expandir o relacionamento com canais e redes de distribuição** para tornar o produto **acessível** ao mercado-alvo. Assim, a estratégia de preço deve estar voltada para se estabelecer no mercado e para recuperar os investimentos referentes à fase de desenvolvimento. Caso o bem em questão seja uma inovação, a empresa pode se beneficiar do *premium pricing*[5]. Apesar de todas as atividades do composto de marketing (produto, preço, praça e promoção) serem importantes nessa fase, os **Ps** de *promoção* e *praça* são essenciais para fazer com que o produto se torne conhecido, para ensinar o consumidor a usá-lo e para informá-lo sobre onde adquiri-lo.

- **2º Crescimento:** Trata-se do estágio mais caro para o marketing. Nele, a empresa tem duas prioridades principais: **1) estabelecer uma posição forte e defensável de mercado**, já que um sinal de que a empresa se encontra no estágio de crescimento é o aumento do número de concorrentes; e **2) cobrir os investimentos iniciais e lucrar o suficiente para justificar e manter o compromisso com o produto.**

---

[5] Trata-se de uma estratégia que consiste em manter os preços mais elevados enquanto o produto não tem um competidor direto e a patente.

Por exemplo: o mercado de fotos digitais encontra-se num longo período de crescimento. Vários competidores encontraram uma parcela do mercado para atuar. São eles os das fotografias tradicionais, como Nikon, Canon e Kodak, de eletrônicos, como a Sony, a HP e a Samsung, assim como competidores ligados a novas marcas, como a Gateway®, a produtos de armazenagem, que envolvem a *memory stick tecnology*, por exemplo, e a telefones celulares, que também funcionam como máquinas fotográficas, como o Iphone®. Digamos que alguns desses competidores desapareçam e, portanto, o mercado de fotografias digitais entre na **maturidade**. Diante disso, o produto precisaria de clientes fiéis e de uma rede de canais bem estabelecida para **permanecer competitivo**.

- **Estratégias de marketing**: Essa fase objetiva aumentar a percepção dos consumidores para vantagens em termos de qualidade, preço, valor agregado e benefícios para manter a posição da empresa no mercado. Um exemplo é a adição de novas características ao produto, como novas cores e embalagem inédita. Trata-se, portanto, de criar uma posição única na mente dos consumidores, por meio de propagandas, que diferencie o produto em relação a outras ofertas da concorrência. Além disso, essa fase envolve a maximização da disponibilidade do bem mediante extensa distribuição e atividades promocionais para **capitalizar a popularidade** desse produto.
- **3º Maturidade**: Um produto está maduro a partir do momento em que se torna conhecido no mercado e que as vendas atingem um pico, permanecendo nesse ponto por determinado período até declinarem. Na maturidade, a empresa já recuperou o investimento inicial e acumulou dinheiro para aplicar no desenvolvimento de novos produtos. Vale ressaltar que, nesse estágio, a janela de oportunidades se fecha e nenhuma outra companhia deve entrar no mercado, a menos que descubra alguma inovação capaz de atrair um grande número de consumidores.

Caso contrário, a única maneira de essa empresa concorrente aumentar a sua participação será "**roubar**" **da concorrência**, ou seja, ocupar a fatia de mercado ocupada por ela. Dessa forma, apenas três empresas devem permanecer na disputa: a da marca líder, a de uma marca alternativa, cujo produto custa 10% menos do que o da primeira e tem 10% mais funcionalidade, e a de uma terceira marca, baseada no preço. **A redução de preço é uma ação a ser considerada somente nesse estágio.**

- **Estratégias de marketing**: Para prolongar o ciclo de vida do produto, nessa fase a empresa pode optar por estimular novos usuários a usarem o bem, desenvolvendo novas utilidades e incentivando um consumo mais frequente. Exemplos disso são as propagandas de xampus, que sugerem o uso diário, e a do iogurte Activia, do Grupo Danone, que promete melhorias no funcionamento do intestino se o produto for ingerido diariamente. O ato de converter "não usuários" envolveu o caso da companhia aérea Gol, que identificou nos usuários de transporte terrestre uma oportunidade de crescimento financeiro. Trata-se de aumentar o *share of customer*, que se refere à porcentagem de cada necessidade do consumidor atendida pela empresa. Exemplos disso são os supermercados que incluem videolocadoras, lavanderias, farmácias etc. Há também empresas que roubam consumidores da concorrência, incentivando-os a testar o seu produto. A seguinte chamada comprova isso: "Experimente a revista Caras gratuitamente por seis semanas". Por fim, é necessário mencionar que algumas companhias reposicionam determinado produto para atrair novos segmentos de mercado fazendo pequenas inovações em termos de embalagem e *design*. Por exemplo: o caso do limpador de vaso sanitário, em que a P&G buscou convencer e informar o consumidor de que ele precisava substituir o produto por um que fosse descartável, já que, ao utilizar o produto, os germes permaneciam. Isso não significa

colocar o produto na fase de introdução, e, sim, ganhar *market share* e manter as pessoas comprando o bem.
- **4º Declínio**: Um sinal de que o produto entrou nessa fase é o declínio das vendas, seguida da saída de competidores do mercado. As causas disso são a entrada de novas tecnologias que substituem o produto atual ou mudanças no comportamento e nas necessidades do consumidor. Por exemplo: com o aparecimento do automóvel, as pessoas não precisavam mais adquirir o chicote, que era utilizado em charretes e carruagens, e os fabricantes nada puderam fazer para reverter a situação. Empresas baseadas no **preço** podem se beneficiar nesse estágio, pois não precisam preocupar-se com investimentos em marketing. Vale ressaltar que, nessa fase, a empresa tem duas opções básicas: **1) tentar postergar o declínio ou 2) aceitar o inevitável**.
- **Estratégias de marketing**: Há várias estratégias, entre elas a **extinção** (a empresa para de produzir e distribuir o produto; nesse caso, é preciso avaliar os prejuízos da imagem da marca e, também, verificar se o produto participa de uma venda cruzada, por exemplo), a **colheita** (o produto continua a existir para os consumidores que o desejarem, mas a empresa não lhe dá mais suporte financeiro) e a **contratação** (o valor da marca muitas vezes supera o custo de manutenção; nesse caso, a companhia opta por contratar empresas menores para continuarem produzindo o produto em questão).

Ao decidir pela descontinuidade do produto, a companhia precisa tomar uma série de decisões que implicarão o seu compromisso com os consumidores que ainda possuem o bem. É o caso dos automóveis ou de produtos eletrônicos obsoletos. Nesse sentido, é importante mencionarmos que a empresa deve destinar tempo para planejar o descarte do produto tanto quanto pensa na continuidade da prestação do serviço.

Na figura a seguir, desenhada por Rozenfeld et al. (2006), usaremos como exemplo o ciclo de vida sustentável de um produto do setor industrial, relacionando o inventário de peças consumidas desde a liberação da produção até o fim do suporte ao produto.

As empresas sustentáveis que estão preocupadas em reduzir o impacto de seus produtos no meio ambiente e o desperdício dos recursos consumidos se preparam para o fim da vida de seus produtos já nas fases iniciais do desenvolvimento, utilizando ferramentas que compreendam o reuso, o reparo, a remanufatura e a reciclagem. Isso garante que os produtos e seu processo de fabricação atendam a requisitos relacionados à recuperação de materiais e componentes, principalmente quando forem descontinuados (Gehin; Zwolinski; Brissaud, 2008).

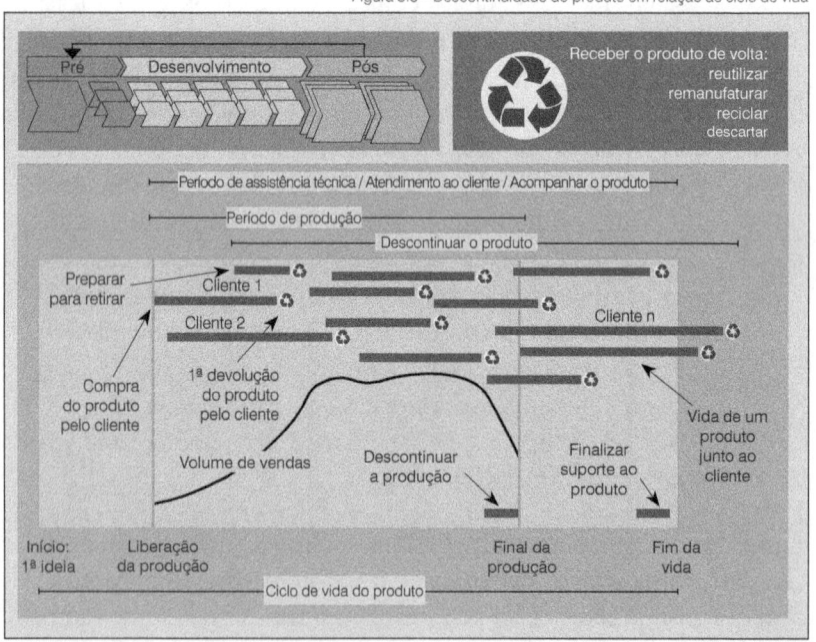

Figura 3.3 – Descontinuidade do produto em relação ao ciclo de vida

Fonte: Adaptado de Rozenfeld, et al. 2006.

Na **fase de crescimento**, a compra de peças para atender à demanda é crescente. Em determinado momento, o produto passa para a **fase de maturidade**, na qual a demanda e o estoque se estabilizam e, então, as vendas começam a declinar e a empresa decide pela descontinuidade do produto, preparando-se para o final do ciclo. Nesse ponto, é realizada a última compra de ativos ou ocorre a fabricação do produto localmente. A empresa precisa, então, avaliar o mercado e incentivar a comercialização do produto por meio do ataque ao mercado potencial, que é sensível ao preço, para a diminuição do inventário. Em seguida, a **produção é finalizada**.

Nesse momento, o produto é comercializado para o cliente pela última vez. No caso do setor automobilístico, um mesmo produto pode ficar no mercado dez anos sofrendo pequenas mudanças estéticas e tecnológicas. Mesmo assim, a empresa precisa garantir a assistência técnica por vários anos após o encerramento da produção. Nessa etapa, a empresa deve incentivar o cliente a **trocar o produto por uma nova oferta**.

Quando a empresa para de produzir, o produto entra na sua **fase final** do ciclo de vida, em que a empresa segue prestando assistência técnica a esse bem. Essa prática acontece no mercado por volta de cinco anos após o final da produção. Vale salientar que a empresa continua prestando o atendimento e realizando a venda de **peças de reposição**, cumprindo os contratos e as regulamentações governamentais. Depois, ela finaliza o suporte ao produto.

Identificar com precisão quando cada estágio começa e termina não é fácil. Por isso, é interessante **caracterizar os estágios** quando as taxas de crescimento ou declínio se tornam **evidentes**. Assim, é possível utilizar as estratégias de marketing para administrar o produto ao longo do seu ciclo de vida.

3.5

Desafios globais

Outra questão de interesse do gestor é o **impacto da internacionalização dos negócios no desenvolvimento de novos produtos**. As fusões, as aquisições e as parcerias estão transformando o cenário de negócios mundial. Vale salientar que, nas empresas, o **desenvolvimento de produtos** também tem se adaptado a uma perspectiva global.

Nesse contexto, existem algumas **alternativas** de configurações globais referentes ao desenvolvimento de produtos. Entre elas, está a possibilidade de todas as fases serem desenvolvidas na **matriz** ou de os produtos serem confeccionados com autonomia em suas **unidades locais**. Além disso, é possível que sejam estabelecidas parcerias entre duas ou mais empresas com competências complementares, que possam ser exploradas de maneira conjunta (Moffat; Gerwin; Meister, 1997).

Hoje, os mercados mundiais encontram-se cada vez mais **homogêneos** em função da **proximidade**, do **acesso à informação** e da **difusão da tecnologia**, o que facilita o conhecimento acerca das diversas culturas que diferenciam os países, mas que também padronizam gostos, necessidades e valores. No entanto, ainda é prudente a realização do **estudo** e da **análise de adaptação** ou **padronização** dos mercados que estão situados fora do país de origem da empresa para avaliar a obtenção de vantagens e a potencialização dos lucros mediante a venda de determinado produto em **âmbito global**.

Quadro 3.3 – Produto × Segmento

	Produto doméstico	Produto global ou regional
Segmento de mercado mundial	Poucos casos	84,9% de casos de sucesso (17,2% dos casos)
Segmento de mercado regional	45,5% de casos de sucesso (6,7% dos casos)	78,1% de casos de sucesso (8,3% dos casos)
Segmento de mercado doméstico	43,1% de casos de sucesso (31,1% dos casos)	61,5% de casos de sucesso (23,7% dos casos)

Fonte: Adaptado de Cooper; Kleinschmidt, 1990.

Ao observar o quadro, constatarmos que o melhor lugar para operar se refere ao canto superior direito (produto global para um segmento de mercado global). Infelizmente, apenas **17%** dos projetos se encaixam nesse cenário, cujo *ranking* de sucesso chega a **84%**. Entretanto, o cenário mais popular ainda se refere ao produto doméstico para um mercado doméstico. **Um terço** dos casos está classificado nesse cenário, no qual o índice de casos de sucesso fica em **43%**.

Diante desse contexto, o desafio do marketing é entender de que forma as influências culturais afetam os atributos e benefícios do produto, de que maneira os consumidores percebem esses itens e qual a importância do bem em questão para o mercado. Levando em consideração essas informações, o departamento de marketing precisa decidir se manterá as características originais do produto para o mercado internacional ou se irá adaptá-las.

Vimos que a estratégia global é usada para expandir mercados, para atuar como um mecanismo de conhecimento de marca ou para o escoamento da produção devido à alta capacidade produtiva. Vale ressaltar que outros fatores também são responsáveis pela entrada das empresas no mercado internacional. Entre eles, a queda das vendas no mercado nacional, mudanças nos hábitos de consumo, o prolongamento do ciclo de vida, o fato de determinado produto maduro em um país estar em fase de crescimento em outra nação, a concorrência acirrada, a possibilidade de preços mais rentáveis, altos custos no mercado local, índices baixos de crescimento da empresa, intercâmbio de tecnologia e novos bens, *design* e embalagens.

Para que a entrada de companhias em outros países ocorra com sucesso, **novas competências** devem ser introduzidas nessas empresas, colaborando para a análise da maneira como esse ingresso ocorrerá, para a definição das estratégias de marketing internacional e para a definição de como a internacionalização será administrada pelas organizações em questão. **Os erros acontecem mais em virtude de deficiências organizacionais do que em decorrência de análises estratégicas inadequadas.**

> Como está o seu portfólio de produtos em termos de **gerenciamento** e **estratégia**? Como ele estará daqui a cinco anos? Sua empresa possui uma lista de critérios para a seleção e priorização de projetos? Discorra sobre isso e preencha os quadrantes da matriz BCG.
>
> Responda também: De onde vêm as ideias para novos produtos? De onde você acha que elas deveriam vir? Você acha que as ideias são realmente boas? Elas são suficientes para uma seleção? Nesse estudo, você observou que são necessárias muitas ideias para que apenas uma chegue a ser lançada no mercado. Se as respostas forem difíceis de ser obtidas, utilize as sugestões mencionadas no capítulo e monte o seu próprio sistema.

Para refletir

Vimos que, para o desenvolvimento de um bem, devemos considerar também a linha de produtos já existentes na empresa. Isso é importante para que uma oferta não canibalize outra da mesma linha de produtos ao se apoderar de suas vendas. Além disso, o lançamento de um bem semelhante a outro já ofertado pela empresa, que atenda a um novo segmento ou que provoque novas investidas da concorrência, pode representar um **aumento de participação no mercado**, uma mudança de imagem e a fidelização do cliente, entre outros benefícios. Considerando isso, levante os **prós** e os **contras** dessa estratégia.

Comentários finais

Empresas que comercializam mais de uma oferta, constituindo um *mix* de ofertas, devem introduzir a **gestão de portfólio** em sua administração estratégica para estabelecerem a direção a ser seguida, ou seja, quais projetos deverão ser priorizados e para quais mercados. Essa estratégia de gestão somente produzirá resultados se as ações estruturadas de desenvolvimento de produtos e as análises de atratividade dos mercados estiverem alinhadas às estratégias da empresa.

4

Estratégias de posicionamento e marca

Tanto o **posicionamento** quanto a **marca** são fatores importantes para a **estratégia de produto**. A concepção da oferta irá direcionar o posicionamento escolhido, fazendo com que este ocupe um lugar de destaque na mente do consumidor. Assim, os clientes terão uma razão convincente para adquirir o produto em questão, ao mesmo tempo que esse posicionamento será a **base da comunicação** entre o produto e o mercado. Nesse contexto, uma imagem de marca consistente poderá facilitar o posicionamento do item a ser lançado.

A American Marketing Association (AMA) define *marca* como um nome, um termo, um sinal, um símbolo ou até mesmo uma combinação desses itens, que tem o propósito de **identificar** bens ou serviços de um vendedor ou de um grupo de vendedores, **diferenciando-os** dos concorrentes. No entanto, uma marca é, antes de tudo, uma **estratégia de negócios**. Ela deve ser planejada para tornar-se um **ativo** de grande valor para a empresa.

As marcas que se tornam importantes são as que se associam às mudanças sociais que estão ocorrendo. Um exemplo disso é a capacidade que elas têm de lidar com as mudanças na postura dos consumidores, que estão cada vez mais informados e levam em conta a estética, a arte e o *design* na hora de escolherem um produto. Esses consumidores estão mais interessados no **estilo da marca** do que em ostentá-la na camiseta. Uma situação verídica que remete a essa tendência envolve a ação de marketing da Dove®, que não utilizou normais, e não modelos publicitários, em uma de suas campanhas, enfatizando questões do dia a dia do consumidor em relação à beleza e à estética.

Outra tendência refere-se à busca de produtos alternativos que são menos impactantes para o meio ambiente.

Figura 4.1 – Fotos da campanha "Jornadas", da Louis Vuitton

Fonte: Louis Vuitton, 2012.

Em 2007, a Louis Vuitton lançou "Jornadas", uma campanha de sucesso diferenciada que já dura cinco anos. A equipe, comandada pela famosa fotógrafa de perfis de celebridades Annie Leibovitz, registra personalidades em viagens ou momentos importantes, como o ex-presidente soviético Mikhail Gorbachev passando pelo muro de Berlim e Angelina Jolie falando sobre a primeira vez em que esteve no Camboja e como isso influenciou sua vida. Todas as imagens acompanham um *making of*. As referidas campanhas remetem, portanto, a uma marca que **acompanha as mudanças de comportamento** do consumidor.

Outra tendência refere-se à busca de produtos alternativos que são menos impactantes para o meio ambiente. Para Carlos Calmanovici, engenheiro ph.D. da área de Tecnologia da Informação da Braskem e vice-presidente da Associação Nacional de Pesquisas e Desenvolvimento das Empresas Inovadoras (Anpei), uma marca engajada é comprometida não somente por uma questão de conscientização acerca dos impactos da atividade econômica no ambiente ou por pressões da sociedade, mas também porque consegue extrair da inovação, juntamente com a preocupação com a sustentabilidade, um produto diferenciado para o atendimento das necessidades do mercado (Wolpac, 2012).

4.1
Criação de marca

O primeiro produto de uma marca carrega a responsabilidade de fixar na mente dos consumidores o conceito escolhido pela empresa. Nesse sentido, a primeira impressão que eles têm do produto é a que deverá prevalecer. À medida que a empresa se fixa no mercado, a distribuição aumenta, o investimento em mídia se expande e começa a ser criada a imagem da marca relacionada à referida empresa.

Se o produto veio de uma empresa que ainda é desconhecida ou nova no mercado, a marca será criada com base no produto que teve uma resposta positiva dos consumidores. Dessa forma, a função da marca é, antes de tudo, **diferenciar o produto das ofertas que provêm da concorrência**.

O Ibope Mídia de 2008 revelou que o brasileiro é um consumidor fiel às marcas. Dos entrevistados, 72% afirmaram que não trocam as marcas nas quais confiam por outras. Juliana Sawaia, gerente de marketing da instituição de pesquisa citada, explica essa constatação ao afirmar que "a experiência individual do consumo e qualidade são fundamentais para esta fidelidade à marca" (O Melhor do Marketing, 2012b).

Frequentemente, as empresas lançam produtos que carreguem marcas já estabelecidas no mercado. Nesses casos, as companhias levam certa vantagem, visto que os produtos, ao serem lançados, são aceitos com mais facilidade justamente porque provêm de marcas que já conquistaram a credibilidade dos consumidores.

No entanto, a preocupação com a qualidade de um produto deve ser suficiente para que o seu lançamento não interfira negativamente na marca. Novamente, temos a interferência do **gestor de marketing** nas decisões que envolvem a veiculação ou não do produto à marca.

Outra decisão diz respeito a abandonar ou reinventar a marca. O fato de algo não ir bem nos negócios não quer dizer que a culpa seja da marca. Antes de decidir pela troca da marca, o gestor de marketing precisa descobrir os motivos que levaram ao insucesso de determinado produto. As marcas envelhecem. Por isso, mudar o conceito de uma campanha, desenvolver um novo logotipo ou fazer uma associação entre marcas são ações que podem fazer com que a marca renasça, mantendo a sua identidade. "O segredo do sucesso está na capacidade de adaptação, em cada época, às novas demandas e anseios dos consumidores", diz Ângela Hirata, consultora da Alpargatas, empresa que comercializa a marca Havaianas e que possui um dos melhores estudos de caso envolvendo o reposicionamento de uma marca (Marketing e Inovação, 2012). Nesse contexto, vale ressaltar que "Reposicionar uma marca é influir em como ela é percebida. É definir e executar um conjunto de ações para construir uma nova percepção de marca de forma a associá-la à nova posição desejada" (Midiaarte, 2011). Considerando-se, algumas definições e ações são importantes:

- O que a empresa é (ou deseja ser);
- Que representação o cliente faz da marca;
- Quais ajustes são necessários no que já existe, pensando-se no que se deseja atingir;
- Quais são as posições ocupadas pela concorrência;
- Quais são os recursos disponíveis;

- Qual será o nome da marca;
- Qual é a qualidade percebida;
- Que preço será aplicado;
- Qual é a consistência da comunicação ao longo do tempo.

O reposicionamento pode ocorrer em razão de **mudanças ambientais**, que demandam uma readequação ao contexto, ou por motivo de **dano à marca**, ocasionado por um acidente aéreo, por exemplo (reposicionamento reativo); pela busca por um melhor desempenho nos negócios ou no aproveitamento de oportunidades de mercado (propositivo); por causa da ineficácia do posicionamento atual (corretivo); ou para alterar elementos na comunicação dos atributos, que, apesar de valorizados, não são corretamente percebidos pelo consumidor (adaptativo).

É importante lembrarmos que, no caso de um reposicionamento, o consumidor já possui um **referencial** do produto em questão. Dessa maneira, o reposicionamento pode significar sacrifícios e riscos para a empresa em relação aos clientes atuais, além da necessidade de revisão da **estratégia de comunicação** por completo e de **mudança de elementos** do composto de marketing já existente.

4.2

Gerenciamento de marca

O investimento em uma marca está ligado ao fato de ela ter um **valor intangível** – chamado de *brand equity* – mas mensurável. Essa mensuração, por sua vez, pode ser feita por meio de **ferramentas financeiras** e de **marketing** (Phozs!, 2012).

O bom relacionamento entre a marca e seu mercado-alvo resulta da construção de uma **marca forte**. Quando é percebida de forma positiva, essa marca passa a valer mais do que a próprio produto oferecido pela empresa. É o que mostra o *ranking* da Interbrand no ano de 2010 (Tabela 4.1) para empresas cujos valores de marcas superam seus ativos.

Tabela 4.1 – *Ranking* da Interbrand em 2010

Posição	Marca	País de origem	Setor	Valor da marca (US$ – em milhões) em 2011	Mudanças no valor da marca
1	Coca-Cola®	USA	Bebidas	70,452	2%
2	IBM	USA	Computadores/serviços	64,727	7%
3	Microsoft	USA	*Software* para computador	60,895	7%
4	Google™	USA	Serviços de internet	43,447	36%
5	GE	USA	Diversos	42,808	-10%
6	McDonald's	USA	Restaurantes	33,578	4%
7	Intel®	USA	*Hardware* para computador	32,015	4%
8	Nokia	Finlândia	Eletrônicos de consumo	29,495	-15%
9	Disney	USA	Entretenimento	28,731	1%
10	HP	USA	Eletrônicos	26,867	12%

Fonte: Adaptado de Interbrand, 2012a.

No *ranking* do ano anterior, a marca Google™ estava na sétima posição. Em 2011, ela subiu três posições, enquanto a Nokia caiu três. Essa marca continua líder no mercado global de celulares, porém não acompanhou o setor mais rentável desse segmento, que é o dos *smartphones*. A marca entrou tarde no setor e, por isso, os desafios serão difíceis de ser superados em curto prazo. Já as três primeiras empresas permaneceram intactas e ainda aumentaram seus valores de marca.

Em 2011, as 10 marcas mais poderosas no Brasil foram, segundo a empresa Superbrands Brasil: Bradesco, Itaú, Petrobrás, Banco do Brasil, Skol, Natura, Brahma, Vale, Antarctica e Vivo (Simon, 2011).

É importante mencionarmos que um dos fatores críticos da decisão acerca do desenvolvimento e gerenciamento da estratégia de um produto é entender os conceitos de *brand loyalty*, *equity* e *alliances*.

O primeiro conceito baseia-se numa atitude positiva, que faz com que o cliente prefira uma marca a outra. O *brand equity*, por sua vez, é o valor comercial e de marketing associado à posição da marca no mercado. Já o último conceito baseia-se nas alianças estratégicas com outras empresas, em que duas marcas se juntam para fortalecer a oferta.

Nesse sentido, vale ressaltar que o termo *co-branding* refere-se ao uso de duas ou mais marcas em um único produto. Essa é uma estratégia de sucesso, pois as marcas se associam a outras cujas imagens geram benefícios. Juntas, essas marcas podem reforçar a familiaridade da primeira e a qualidade percebida da segunda por exemplo.

A C&A faz contratos de coleção com grandes nomes da moda brasileira, como Espaço Fashion, Maria Bonita Extra e Maria Filó, e associa a marca a celebridades que emprestam seus nomes e suas imagens a coleções. Beyoncé, Gisele Bündchen e Isabeli Fontana são exemplos disso. Vale mencionar que outras empresas, como a Riachuelo e a Shoestok, seguiram a estratégia da C&A.

Construir marcas de sucesso é um desafio, principalmente no que tange à proteção da reputação da marca. A Apple®, por exemplo, enfrentou problemas de patente de marca tanto com o iPhone® quanto com o iPad™. Ela foi processada pela Cisco Systems, pois o iPhone® foi lançado sem ter os direitos de uso do nome. Além disso, a Fujitsu, empresa detentora dos direitos sobre o iPad™, mediante um acordo com a Apple®, transferiu os direitos da marca. Por isso, tão importante quanto cuidar da estratégia é criar medidas de proteção à marca por meio de suportes legais, como patentes e direitos de propriedade intelectual.

4.3

O mercado do luxo

Produtos de luxo são aqueles fabricados por empresas que atuam exclusivamente nesse segmento, em que a imagem da marca é associada aos conceitos de grife e de exclusividade. São produtos altamente valorizados por **mensagens de marketing de alto impacto**.

O que incita o consumidor a investir na compra de produtos luxuosos é, na maioria das vezes, a **qualidade** intrínseca dos produtos, o **hedonismo** (orientação para o prazer), a **preocupação com a aparência pessoal** e a **distinção**.

A participação mundial do mercado do luxo está estimada, anualmente, em US$ 200 bilhões (excluindo-se vinhos e destilados), ou o equivalente a quase 1/3 do PIB brasileiro. Os consumidores regulares de produtos de luxo no Brasil representam 0,29% da população; São Paulo é responsável por 50% a 60% desse consumo. Segundo uma pesquisa divulgada pelo economista Marcio Pochmann no livro *Os ricos no Brasil*, da série Atlas da Exclusão Social, referente à população do Brasil que é considerada rica, 75% de toda a riqueza do país está em posse de apenas 10% das famílias brasileiras (Campos et al., 2004). Os produtos de luxo constituem, portanto, um mercado em franca ascensão e que não deve ser ignorado. Conforme Ferreirinha (citado por Yoshida, 2011), especialista em bens de luxo no Brasil, a média de crescimento do setor antes da crise caiu de 17% para cerca de 12,5% em 2008. O segmento manteve esse número em 2009 e, em 2011, o crescimento ficou em 20%, bem acima das expectativas. Em 2012, no entanto, deve acontecer uma desaceleração. Para Patrícia Gaspar, essa desaceleração pode ser contornada com uma estratégia de "expansão da distribuição e pela penetração das marcas de luxo em novos mercados" (Gestão do Luxo, 2012). Mesmo assim, esse setor registra historicamente um crescimento muito expressivo, justamente porque se refere a um mercado muito recente, que teve início há 20 anos.

O desafio das marcas de luxo seria, então, explorar ao máximo o potencial econômico desse pequeno grupo de consumidores. Em uma matéria publicada no *site* Gestão do Luxo (2012), André Cauduro D'Angelo afirma o seguinte: "considerando que o consumo de bens de luxo no país é realizado essencialmente por brasileiros, sem a presença maciça de turistas, a questão é pertinente, afinal, há uma mesma e restrita base de consumidores potenciais para um número crescente de pontos de venda". De acordo com o autor, existem medidas básicas para responder a esse desafio, como criar gradações de sofisticação dentro dos portfólios de produtos e marcas das empresas. Um exemplo disso seriam as diferentes marcas da Giorgio Armani, que estão visivelmente hierarquizadas (comprar um produto da Armani Exchange é o primeiro passo para a aquisição de um item da Giorgio Armani) (D'Angelo, 2012). Essa estratégia é importante para atender àqueles consumidores que enxergam em determinada marca uma possibilidade de conquista social e distinção.

Outra medida seria lançar periodicamente novos produtos, renovando-os estética e funcionalmente. Isso porque ir a várias lojas e encontrar sempre os mesmos produtos à venda é desinteressante para o consumidor, que poderá não retornar mais. A indústria da moda ilustra bem essa estratégia ao introduzir novos produtos, que promovem o retorno do consumidor às lojas.

Investir na subsegmentação da base de clientes é uma medida que consiste em dividir os consumidores em pequenos nichos conforme interesses e preferências específicos para fugir da homogeneidade dos mercados. A Ralph Lauren, por exemplo, investiu nas **segmentações demográfica**, atendendo aos públicos masculino, feminino, jovem e infantil, e **psicográfica**, baseando-se em estilos de vida (casual, formal, esportivo, universitário etc.) (D'Angelo, 2012).

A exploração do efeito "estilo de vida" parte do princípio de que existe, entre os consumidores, a tendência intuitiva de utilizar a coerência ao optar por determinado produto. Um exemplo disso é o fato de as marcas de vestuário lançarem produtos próximos ao seu negócio (aparência), como perfumes e acessórios, bem como de se associarem a marcas de outros ramos, numa estratégia de *co-branding*. É o caso da Nike (tênis) e da Apple® (iPod), que mudaram a maneira como os adeptos da corrida praticam esse exercício.

Por fim, uma empresa voltada para o mercado sabe que precisa criar o consumidor de amanhã. Isso pode acontecer a partir da própria base de consumidores da empresa, por meio do desenvolvimento de linhas ou marcas específicas para seus filhos e da captura de parte do orçamento destinado a eles.

4.4

Posicionamento da marca

A marca não apenas é importante para a **identificação do produto** pelo consumidor, como também é um fator-chave que os gestores utilizam para posicionar determinado bem no mercado. Nesse contexto, ressaltamos que o resultado do posicionamento deve ser bem definido, já que é assim que marcas fortes e consolidadas são construídas. Dessa forma, a proposição de valor deve estar focada no mercado por meio de uma declaração simples que justifique por que o mercado-alvo deve comprar o produto (Kotler, 2003).

Diante disso, usando poucas palavras, podemos definir *posicionamento* como aquilo que vem à mente quando ouvimos o nome de uma marca. Se, ao ouvirmos o nome de uma marca, percebemos que esta é difícil de ser mencionada ou associada a algo, a empresa responsável deve **reformular** sua estratégia de posicionamento.

O conceito de posicionamento passa por três dimensões: **produto**, **público-alvo** e **concorrência**, ou seja, como o produto será visto pelo consumidor potencial e que posição vai ocupar na sua mente em relação aos concorrentes.

Uma oferta bem posicionada impulsiona o público-alvo a comprar o produto, como é o caso da marca Clockhouse, da C&A:

> Diferente todos os dias, estridente e novo. A coleção da Clockhouse é pensada para os jovens adultos entre os 18 e os 25 anos de idade. Para sair à noite, passar o tempo ou apenas para desfrutar da vida. A Clockhouse oferece estilos autênticos com garantia de *street credibility*. A marca é constantemente adaptada às novas tendências da moda, e renova o seu guarda roupa a preços acessíveis. (C&A, 2012)

O termo *posicionamento* foi criado por Al Ries e Jack Trout e ainda é bastante explorado no mundo dos negócios. Segundo esses executivos, quando a marca tem uma posição clara na mente do cliente, dificilmente outra conseguirá roubar o seu lugar. É por isso que tantas empresas buscam o **primeiro lugar** em vendas.

No entanto, se a empresa ainda não é a número um, existem algumas **estratégias** que podem privilegiar um bom posicionamento no mercado. Entre elas, estão: reforçar a atual posição, mesmo que a empresa não seja a primeira colocada; utilizar um diferencial do produto em questão a favor da organização; e posicionar a empresa em relação a um atributo, benefício ou característica que ela apresenta (por exemplo: o fato de a companhia ser a maior e a mais antiga do segmento; um aspecto referente à característica dessa companhia poderia ser o público-alvo específico a que ela se destina).

As transformações culturais e comportamentais exigem da empresa uma ação proativa para que ela modifique seu posicionamento. O objetivo dessa iniciativa é fazer com que a empresa não limite o seu negócio, podendo, assim, acompanhar as mudanças que ocorrem ao longo do tempo. Com seu novo *slogan* ("O desafio é a nossa energia"), a Petrobrás está sendo bem sucedida nesse ponto ao concentrar o seu negócio na **energia**, não se restringindo à obtenção de petróleo e de seus derivados. Isso se dá por meio da preocupação constante da empresa em oferecer combustíveis que não agridam o meio ambiente. Dessa forma, se os consumidores pararem de usar a gasolina como combustível, a empresa não sofrerá perdas financeiras, já que se posicionou, acima de tudo, como uma produtora de energia, não importando sua fonte.

Existe uma semelhança entre os conceitos de posicionamento e de diferenciação. Na **diferenciação**, o foco é dado na **concorrência**, o que pode causar mudanças físicas no produto. Já o **posicionamento** envolve a **percepção do cliente**, que diferencia a oferta do concorrente. Vale lembrar que esse posicionamento favorável do cliente em relação a determinada empresa pode ser "plantado" por meio de uma **campanha de publicidade** eficaz. Portanto, **um produto bem posicionado** pode ser um **elemento de diferenciação**.

4.5

Embalagem e rotulagem

O ato de embalar e rotular um produto consiste em envolvê-lo em um material específico **para protegê-lo de riscos** ou **facilitar seu transporte**. Além disso, essa embalagem é responsável por preservar a qualidade do produto durante sua vida útil, por despertar a atenção do cliente pelo *design* e por comunicar os benefícios e atributos do produto. Uma boa embalagem deve atender aos requisitos legais e ser coerente com a imagem desejada.

Os produtos físicos devem ser embalados e rotulados. Desenvolver a embalagem de um novo bem requer muitas decisões, já que essa embalagem não pode ser definida com base apenas na engenharia. Isso significa que o pessoal de marketing deve participar ativamente desse processo, transmitindo para os seus engenheiros as informações sobre o conceito do produto, o manuseio deste e o resultado de pesquisas com os consumidores. Os profissionais responsáveis pela concepção da embalagem precisam levar em conta também fatores como *design*, marketing e comunicação, pois, "para alguns produtos [...], a forma e a função da embalagem podem ser quase tão importantes quanto seu conteúdo" (Plastrela, 2011). Considerando-se isso, o **rótulo** pode aparecer em uma etiqueta colada na embalagem ou estar desenhado nela.

A embalagem é um importante instrumento de marketing em razão do **alto poder de venda** que ela representa. Além de envolver o produto e informar o consumidor sobre as características e a procedência desse produto, ela ainda pode introduzir um novo conceito para diversas funções, que podem estar relacionadas à proteção, a métodos de abertura, que é o caso das latas de molho de tomate que não necessitam mais de abridor de latas, à dosagem, à conservação do produto depois de aberto, entre outras. É importante mencionarmos que a confecção de uma embalagem é uma decisão importante, pois pode demandar investimentos e encarecer a oferta final do produto. Portanto, o desafio das empresas é desenvolver uma embalagem que satisfaça às necessidades dos clientes a um custo reduzido.

A embalagem fixa a imagem da empresa, de modo que os consumidores possam identificar a marca antes de qualquer outra. Esse processo pode ocorrer por meio da produção de uma **embalagem exclusiva**, como é o caso da Coca-Cola, cuja garrafa tem um formato diferenciado, ou mediante o uso de uma **cor específica** na embalagem.

Durante o desenvolvimento de um produto similar ao da concorrência, a embalagem pode ser um **diferencial**. Nesse contexto, uma embalagem inovadora pode trazer novos clientes para a empresa, o que, por sua vez, gera mais lucro para ela. Um exemplo desse tipo de inovação são as primeiras empresas que comercializaram os **refrigerantes em lata**, os quais atraíram novos consumidores.

A escolha da embalagem deve levar em consideração o **impacto ambiental**; portanto, embalagens desnecessárias e desperdícios devem ser reduzidos ou eliminados. Diante disso, a alternativa mais viável é a **reutilização**, que traz máxima utilidade às embalagens sem destruí-las.

Dentro da embalagem, o **rótulo** não somente divulga a marca e identifica o produto, como também contém informações importantes quanto ao uso adequado deste. Além disso, esse recurso ajuda o consumidor a escolher a opção mais apropriada às suas necessidades.

Vale ressaltar que o rótulo contém também selos de qualidade de órgãos federais e regulamentações específicas. Nesse sentido, é necessário observar a legislação específica para cada tipo de produto, levando-se em consideração as informações da Associação Brasileira de Embalagem[1]. A empresa deve ater-se à categoria em que o produto está inserido e verificar as leis vigentes, que exigem a inserção de determinadas informações no rótulo. Por exemplo: a Food and Drug Administration (FDA) regulamenta e protege os consumidores americanos quanto aos abusos cometidos pelas empresas. Essa regulamentação estabelece exigências que englobam desde informações referentes à composição nutritiva do produto até alegações de saúde que não podem constar no rótulo de um produto, como informações sobre a capacidade de determinado produto de reduzir colesterol, quando, na realidade, ele não contém nenhum dado ou substância comprobatória para tal. É importante lembrar que as informações só podem aparecer no rótulo se forem **cientificamente comprovadas**.

O rótulo também tem a função de orientar o consumidor quanto ao uso do produto e de sugerir novas formas de utilização. No caso dos produtos alimentícios, por exemplo, isso acontece mediante a inserção de receitas no verso da embalagem. Se o produto é comercializado no mercado internacional, usar várias línguas no rótulo é uma boa estratégia para mostrar ao consumidor que o produto é distribuído em outros países.

---

[1] Caso você queira conhecer o *site* da Associação Brasileira de Embalagem, acesse o *link*: <http://www.abre.org.br>.

As empresas ambientalmente responsáveis preocupam-se com seus produtos desde a **produção** até o **descarte**. Essa preocupação constante é confirmada por meio de estudos recentes que mostram a tendência dos consumidores de adquirir produtos de empresas preocupadas com a preservação do meio ambiente. Essas companhias, por sua vez, estão se adequando para responder a esse estímulo com produtos e embalagens sustentáveis, o que gera uma imagem positiva entre os consumidores. Vários produtos novos advêm de estudos que apontam novas maneiras de se preservar o meio ambiente. Vale ressaltar também que as **regulamentações ambientais** estão cada vez mais presentes nos rótulos. As caixas de leite, por exemplo, apresentam uma espécie de carimbo, garantindo que suas embalagens não prejudiquem o meio ambiente.

4.6

Design de produto

Outro fator que impacta diretamente a concepção do produto é o *design*. Por meio desse atributo, o produto é projetado em termos **ergonômicos**, **perceptivos**, **antropológicos**, **tecnológicos**, **econômicos** e **ecológicos**. Um produto bem desenhado é facilmente transportado, identificado, montado, usado, reparado e descartado. Além disso, ele é facilmente manuseado. Nesse contexto, vale salientar que "o *design* tem sido uma estratégia [bastante] [...] utilizada devido a sua importância como fator de diferenciação e agregação de valor aos produtos e serviços, além da qualidade e do preço" (Phozs!, 2012).

Muito se tem falado sobre o **marketing de experiência** por meio de *cases* de empresas que, mediante ações de fidelização, oferecem desde um passeio de balão e um convite para assistir à final de tênis em Roland Garros até a pilotagem de um carro de Fórmula 1. Essas experiências vivenciadas em associação com as marcas constroem uma relação entre a empresa e seus *stakeholders*. Diante disso, vale mencionar que as diferentes ações de fidelização aparecem de forma variada, podendo ser uma **ambientação** – como no caso da Starbucks Coffee Company –, um evento ou qualquer contato que proporcione uma interação emocional com o cliente. Nessa mesma linha está o **design emocional**, que, evidenciado por meio da forma inovadora do produto, procura causar **emoções** nos consumidores. É o caso do Macbook Air®, que é o *notebook* mais fino do mundo, e da Apple Store, a loja virtual da Apple®. Steve Jobs desmistificou a tecnologia por meio de mecanismos de *design* e colocou a máquina diretamente nas mãos do consumidor.

O *design* envolve o produto e/ou a embalagem em si. Segundo Nascimento (2011), "O *design* atua como vendedor do produto por meio da estética e da funcionalidade. Tem a função de integrar necessidades tecnológicas, sociais e econômicas, bem como necessidades biológicas, efeitos psicológicos dos materiais, a forma, a cor, o volume e o espaço".

No que tange à **estética**, vale ressaltar que "o primeiro contato com o produto é visual, daí a [sua] importância [...]. Quando o consumidor pode escolher entre um produto com o visual agradável e outro sem atrativo, ele escolherá o primeiro" (Nascimento, 2011).

Quanto à funcionalidade do *design*, podemos afirmar que este trata basicamente da interação entre o produto e as pessoas: É "o segundo contato [que] ocorre no momento do uso do produto [...]. Através do *design*, os produtos ficam mais fáceis de usar, de manutenção simples, seguros e confortáveis" (Nascimento, 2011).

> Para construir o posicionamento do novo produto, primeiramente você precisa definir para quem irá direcionar a oferta. Vale lembrar que precisa saber a ocupação, a idade média e outras questões demográficas a respeito do público-alvo do seu produto. Além disso, você precisa conhecer os desejos e as necessidades da faixa da população escolhida. Em seguida, é necessário definir brevemente o negócio. Cuidado para não abranger muitos aspectos, pois isso dificultaria o entendimento do seu plano de negócios. Na sequência, analise quais atributos do seu produto são superiores em relação aos bens ofertados pela concorrência. Em seguida, identifique quais desses atributos são mais bem percebidos pelos consumidores. Veja o exemplo a seguir:

Para aqueles que gostam de cozinhar e se preocupam com o meio ambiente, o Brastemp Gourmand é o fogão a gás que, além de ser o primeiro do mundo a contar com opção de cozimento a vapor, possibilitando o preparo de pratos mais saudáveis, possui um *timer* que ajuda a reduzir o consumo de gás.

Agora é a sua vez! Depois de averiguar todas essas questões, preencha os campos necessários para finalizar o posicionamento do seu produto:

Para _____ (público-alvo) que deseja _____ (oportunidade identificada), o _____ (nome do produto) é _____ (categoria do produto) que _____ (ponto de diferenciação), porque _____ (sustentação do ponto de diferenciação).

É importante mencionarmos que o posicionamento deve ser de **fácil entendimento** e capaz de ser lembrado por meio de **associações** (palavra que definam a sua marca ou produto na mente do consumidor).

Indicações culturais

Os *links* a seguir se referem a tendências de comportamento do consumidor, que são ferramentas estratégicas para a gestão da marca e da inovação de produtos, bem como para o desenvolvimento destes. Após visualizar os *sites*, você terá uma visão de futuro mais ampla!

ODES – Observatório de Sinais. Disponível em: <http://observatoriodesinais.com.br/index.html>. Acesso em: 12 fev. 2012.

THE COOL HUNTER. Disponível em: <http://www.thecoolhunter.net>. Acesso em: 12 fev. 2012.

TODAY AND TOMORROW. Disponível em: <http://www.todayandtomorrow.net>. Acesso em: 12 fev. 2012.

TRENDLAND MAGAZINE. Disponível em: <http://trendland.net>. Acesso em: 12 fev. 2012.

TRENDWATCHING. Disponível em: <http://trendwatching.com/trendreport>. Acesso em: 12 fev. 2012.

Comentários finais

Sabemos que as marcas são, hoje, o maior patrimônio de uma empresa, assumindo valores que superam seus ativos físicos. Uma estratégia de marca bem-sucedida pode permitir à empresa ampliar a oferta de novos produtos para seus clientes. Portanto, antes de posicionar um novo produto no mercado ou de reposicionar um bem já existente, você deve avaliar a sustentação da marca. Essa avaliação acontece por meio da análise de elementos que estão na mente dos consumidores, como a percepção, o reconhecimento, a reputação e a imagem da marca em questão. Não esqueça que a introdução de novos produtos pode manter a marca ativa dentro do mercado!

5

Diferenciação por meio da inovação de valor

O objetivo deste capítulo é sugerir uma mudança de orientação das empresas. Para isso, propomos que elas instituam, no ambiente de trabalho, uma **cultura de inovação** que estimule a criatividade. Assim, resultados excelentes poderão ser alcançados por meio da descoberta de **mercados inexplorados**.

Neste capítulo, também será abordado o conceito de *estratégia de inovação de valor*, expressão utilizada pelos autores Kim e Mauborgne (2005) ao se referir a uma nova ferramenta de trabalho e de visão de mercado para as empresas. Essa estratégia vai desde a identificação de padrões semelhantes entre organizações e a criação de espaços inexplorados até a definição da sequência estratégica a ser implementada.

A entrega ao cliente de produtos únicos e de valor superior tende a ter mais sucesso que a entrega de bens similares, isto é, com pouca ou nenhuma diferenciação. Isso se dá pelo entendimento do tipo de ambiente em que a empresa atua e pela forma como a competência interna é utilizada. Se determinada empresa produz um produto que apresenta diferenciais, este **supera as expectativas dos clientes** e tem, portanto, maiores chances de ocupar uma posição de liderança em mercados altamente competitivos. Além disso, empresas que assumem esse tipo de visão asseguram vantagens competitivas sustentáveis.

A empresa pode diferenciar a sua oferta para o mercado com base em cinco dimensões: **produto**, **serviços**, **pessoal**, **canal** e **imagem**.

Quadro 5.1 – Diferenciando ofertas para o mercado

Produto	Serviços	Pessoal	Canal	Imagem
Forma	Facilidade de pedido	Competência	Cobertura	Símbolos
Características	Entrega	Cortesia	Especialidade	Mídia
Desempenho	Instalação	Credibilidade	Desempenho	Atmosfera
Conformidade	Treinamento	Confiabilidade		Eventos
Durabilidade	Orientação ao cliente	Rapidez de resposta		
Confiabilidade	Manutenção e reparo	Comunicação		
Facilidade de reparo	Serviços diversos			
Estilo				
Design				

Fonte: Kotler; Keller, 2006, p. 310.

É importante lembrarmos que os produtos propriamente ditos têm **pouco valor**, principalmente se houver a oferta de bens similares. O real valor do produto está na sua capacidade de proporcionar benefícios que resolvam os problemas dos consumidores. Por isso, é importante manter o foco no desenvolvimento de produtos e processos que identifiquem e supram as **necessidades dos consumidores**. Além disso, um produto deve incluir diferenciais em termos de inovação e responsabilidade socioambiental. Os consumidores estão cada vez mais conscientes dessas iniciativas e valorizaram as empresas que empregam esforços para gerar **produtos** e **serviços sustentáveis**.

A empresa deve, portanto, desenvolver um produto que:

- crie uma necessidade; ou
- seja a **resposta** a uma necessidade identificada.

Enquanto a **diferenciação** está voltada para as **práticas da concorrência**, a **estratégia de inovação de valor**, objetivando a criação de espaços inexplorados, oferece outro caminho e, nesse caso, a concorrência se torna irrelevante.

Em geral, as empresas que fazem uso dessa última estratégia não usam as técnicas de *benchmarking* e *top-down* para apoiar suas ações. O que eles fazem é criar valor mediante a utilidade, o preço, o custo e a adoção de determinado produto seguindo uma **sequência estratégica**.

Um exemplo claro da estratégia de inovação de valor remete à companhia aérea Gol, que foi na contramão de seus concorrentes. Ao contrário das demais empresas, que ofereciam atributos comuns ao setor de aviação, como refeições, escolha de assentos e salas de espera, a Gol identificou outros fatores de **valor** para usuários e não usuários. Com preços mais acessíveis e um maior número de voos, a empresa se distanciou das concorrentes por ter encontrado um novo mercado para atender. Nesse sentido, é importante lembrar que a mensagem da Gol na época – "velocidade de avião a preço de carro" – facilitou a comunicação com os consumidores da concorrência, além de ter influenciado usuários de outros meios de transporte.

A apresentação da estratégia de inovação de valor como forma de pensar e agir surgiu para responder às inúmeras questões dos empresários que hoje estão em batalha acirrada com a concorrência, considerando-se que o mercado, que sobrevive a margens de lucro cada vez mais reduzidas, está saturado de produtos globais, disputa por preços baixos, mudanças frequentes nas preferências dos consumidores, avanços tecnológicos e produtos com pouca ou nenhuma diferenciação.

Esse modelo de disputa padrão dificulta a vida das empresas. Foi o que percebeu a Whirlpool Latin America, grupo que detém marcas como a Brastemp e a Consul. Segundo Mário Fioretti, gerente-geral do setor de *Design* e Inovação da empresa, o processo de inovação tinha o objetivo de mudar o "mar de branco" gerado pela comoditização dos produtos de linha branca. "A inovação é implantada de forma estruturada. Há uma área, com orçamento próprio, responsável por processos de gestão, planejamento estratégico e, também, pelas métricas e metas a serem cumpridas por toda a organização" (Wolpac, 2012), disse o referido profissional.

Nesse contexto, a estratégia do Oceano Azul (Kim; Maugbourne, 2005), que se refere a espaços inexplorados de mercado, propõe uma nova visão. Nela, a concorrência torna-se irrelevante a partir do momento em que a estratégia se afasta do modelo padrão que é executado pela maioria das empresas. Nessa visão, a **inovação é privilegiada**.

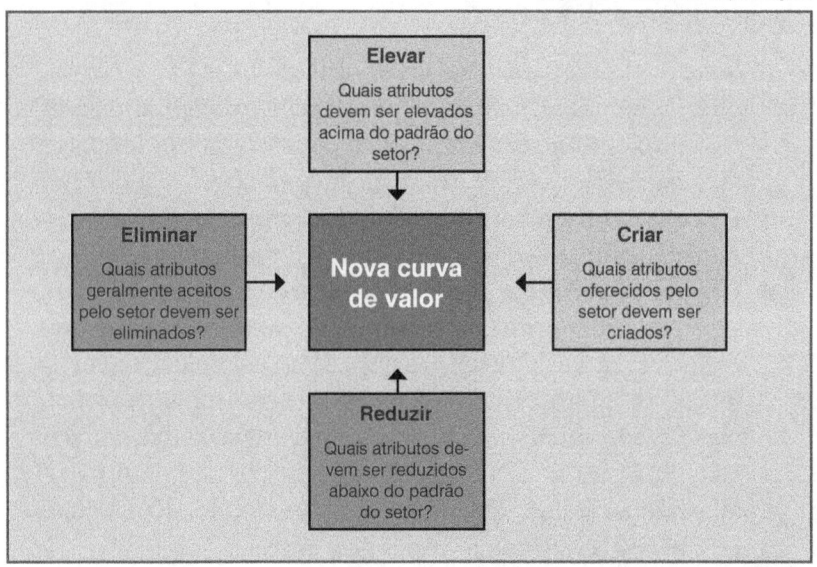

Figura 5.1 – O modelo das quatro ações

```
                    ┌──────────────────┐
                    │      Elevar      │
                    │ Quais atributos  │
                    │ devem ser elevados│
                    │ acima do padrão do│
                    │      setor?      │
                    └────────┬─────────┘
                             ▼
┌──────────────────┐  ┌──────────────┐  ┌──────────────────┐
│     Eliminar     │  │              │  │      Criar       │
│ Quais atributos  │  │  Nova curva  │  │ Quais atributos  │
│ geralmente aceitos│─▶│  de valor    │◀─│ oferecidos pelo  │
│ pelo setor devem ser│ │              │  │ setor devem ser  │
│   eliminados?    │  │              │  │     criados?     │
└──────────────────┘  └──────┬───────┘  └──────────────────┘
                             ▲
                    ┌────────┴─────────┐
                    │      Reduzir     │
                    │ Quais atributos de-│
                    │ vem ser reduzidos │
                    │ abaixo do padrão │
                    │    do setor?     │
                    └──────────────────┘
```

Fonte: Adaptado de Kim; Maugbourne, 2005, p. 35.

Segundo os autores, a necessidade de se preencher a matriz da figura anterior conduz ao exercício de pesquisar a fundo os atributos oferecidos pela concorrência do setor, que, muitas vezes, já estão padronizados. Essa prática permite às empresas visualizar e entender o que as leva a escolher tais atributos para competir. Isso significa que, na maioria das vezes, os competidores encontram-se no universo do "Oceano Vermelho", um ambiente no qual a competição por preço e atributos é acirrada e não há elementos de diferenciação por meio da inovação de valor.

5.1

Como criar novos espaços no mercado

Para criar espaços em **mercados inovadores** (segmentação), é preciso examinar os seguintes aspectos, segundo os autores Kim e Maugbourne (2005):

- **Setores alternativos:** São aqueles cujas formas e funções são diferentes, mas têm o mesmo propósito. Exemplos: restaurantes, cinemas, *shoppings* e exposições de arte. Trata-se de opções para quem quer sair e passar duas horas de lazer fora de casa. É necessário conhecer as escolhas dos consumidores de determinado setor, pois elas podem variar.
- **Grupos estratégicos dentro dos setores:** Os grupos podem ser classificados mediante dois critérios: **preço** e **desempenho**. Dessa forma, a redução de preço se dá pela eliminação ou diminuição de alguns atributos. No caso da companhia aérea Gol, mencionado anteriormente, houve um corte nas refeições, nas salas de espera etc. Por outro lado, foram criados outros atributos, como maior número de voos diretos, redução no tempo de espera dos viajantes e vendas pela internet.
- **Cadeia de compradores:** Nem sempre os compradores são os usuários finais. A indústria farmacêutica, por exemplo, se concentra nos influenciadores, ou seja, os médicos. Ao vasculhar os diferentes grupos de adquirentes, as empresas podem desenvolver novas ideias sobre como redesenhar suas curvas de valores para atingirem um grupo até então ignorado.
- **Ofertas de produtos e serviços complementares:** É importante avaliar o que poderia afetar a demanda. Por exemplo: Quais as considerações que um casal com filhos faz ao sair de casa para ter duas horas de lazer? Logicamente, o casal vai escolher a opção que oferecer um serviço de entretenimento que também envolva as crianças.
- **Apelos funcionais e emocionais visando aos compradores:** A Swatch incorporou os atributos da moda aos seus relógios; a Pfizer posicionou o Viagra focando na melhoria do estilo

de vida. Já a Starbucks Coffee Company apelou para o emocional dos clientes criando ambientes agradáveis, onde as pessoas se sentem confortáveis para tomar um café e ler um livro, encontrar-se com os amigos, fazer uma reunião ou até mesmo estudar. Esses são exemplos de empresas que priorizaram a emoção e a funcionalidade em suas campanhas de marketing.

- **Transcurso do tempo**: É interessante participar ativamente do desenvolvimento de tendências, e não somente se adaptar a elas.

Quadro 5.2 – Estratégia do Oceano Vermelho X Estratégia do Oceano Azul

Estratégia do Oceano Vermelho	Estratégia do Oceano Azul
Competir nos espaços de mercado existentes	Criar espaços de mercado inexplorados
Vencer os concorrentes	Tornar a concorrência irrelevante
Aproveitar a demanda existente	Criar e capturar a nova demanda
Exercer o *trade-off* valor-custo	Romper o *trade-off* valor-custo
Alinhar todo o sistema da empresa com sua escolha estratégica de diferenciação ou baixo custo	Alinhar todo o sistema de atividade da empresa em busca da diferenciação e baixo custo
Diversas ferramentas e modelos analíticos conhecidos	Ferramentas não difundidas entre as empresas
Top-down	*Bottom-up*
Reativa	Proativa

Fonte: Kim; Maugbourne, 2005, p. 17.

A grande maioria das empresas se concentra em **maximizar o valor das ofertas** dentro das fronteiras do setor, esforçando-se para fazer melhor que a concorrência. Depois de avaliar se o setor é atraente ou não, a empresa opta por se diferenciar da concorrência pelo custo ou mediante outros aspectos. Nesse sentido, vale ressaltar que o custo e o valor são considerados *trade-off*, ou seja, por meio deles, busca-se, acima de tudo, captar e redistribuir riquezas. Qualquer um pode vender baixando os preços, pois isso não gera valor. Entretanto, para enfrentar a hipercompetição, é importante mudar o foco de **atributos dos produtos** para **produtos e serviços** associados que podem trazer oportunidades muitas vezes inexploradas, pois, quanto maior o valor, maior a predisposição do cliente para pagar pelo produto ofertado. Essa atitude pode fazer com que a empresa perca em *market share*, mas isso não quer dizer que a rentabilidade diminui.

As empresas podem optar por compensar a transparência de preços com transparência de valor, por ceder à pressão da hipercompetição e, portanto, oferecer o produto a um preço menor. Por outro lado, ela pode decidir não ceder à pressão e investir em inovação para se **diferenciar** da concorrência. Nesse sentido, um número cada vez maior mostra que algumas empresas, conscientes das armadilhas da competição, estão em busca de novas soluções para se manterem no caminho da **inovação de valor**.

Essa mudança de atitude remete à maneira como devem ser utilizados os conhecimentos e as ideias no processo de criação, a fim de gerar **crescimento** para a empresa. Não existe setor atrativo ou não. À medida que muda a estrutura do mercado no processo de reconstrução, alteram-se também as regras do jogo quanto às melhores práticas; o grau de atratividade pode ser alterado por meio do esforço dessa reconstrução. Uma vez que as regras se alteram, o mercado não aceitará o retrocesso. Isso, segundo Albuquerque (2010), estabelece um ciclo em busca por diferenciais sustentáveis, no qual quem iniciou esse processo de valor é responsável pela busca constante de novas soluções e quem é o seguidor precisa incorporar as novas soluções para se manter competitivo.

> Preencha a **matriz de valor** para compor a sua oferta e oferecer valor percebido pelo cliente, considerando que seu produto é "único e superior". Faça isso elevando, criando, eliminando e reduzindo atributos com base nos padrões setoriais.

Para refletir

Como vimos, o *tablet* não foi inventado pela Apple®. Os primeiros *tablets* surgiram 20 anos antes de serem desenvolvidos pela referida empresa e eram muito limitados. O iPad™ "chegou" ao mercado proporcionando aos clientes a experiência da tela sensível ao toque (que já existia nos *palmtops*, porém com o uso da caneta) e uma vasta quantidade de aplicativos, somados a um *design* inigualável. Esse exemplo remete à importância da **diferenciação**, que pode ser obtida por meio da inovação, do valor percebido ou do posicionamento. Se você fosse o seu produto ou marca, que atributos você deveria apresentar para ser considerado único e, portanto, superior? Qual seria o seu diferencial? Você acha que esse diferencial seria percebido pelas pessoas do seu convívio?

Comentários finais

Diferenciar as ofertas na atualidade é um desafio diário, na medida em que as empresas aprimoram suas táticas de ataque e copiam os produtos rapidamente. Por isso, é necessário que haja uma avaliação constante do mercado para que sejam oferecidos produtos com características únicas, que adicionem valor para os clientes e para seus *stakeholders*. Isso porque o sucesso de um projeto depende da participação de todos os envolvidos, devendo-se assegurar que suas necessidades e expectativas sejam ouvidas pelo gestor.

6

Processo de desenvolvimento de novos produtos

No desenvolvimento de novos produtos, o desafio está em entregar o produto ao mercado no **menor tempo possível** e **obter sucesso nas vendas**. Além disso, o bem deve **estar em conformidade com a imagem da marca ou da empresa** que o originou. No entanto, um grande número de produtos fracassa em diferentes níveis antes e depois de chegarem ao mercado. Esse número, segundo o Instituto de Pesquisa Nielsen, citado por Neto (2008), chega a 80% dos lançamentos. Por isso, estabelecer um **processo**[1] é fundamental para a empresa se **organizar** durante o desenvolvimento de produtos.

Segundo Rozenfeld et al. (2006), esse conjunto de atividades deve conseguir transformar informações tecnológicas e de mercado em produtos e serviços, seguindo as estratégias da empresa. Deve ainda gerar informações para a produção, acompanhar e retirar o produto do mercado.

Nesse contexto, quanto maior for o conhecimento sobre os consumidores, maior a probabilidade de a empresa atendê-los adequadamente ou de uma maneira superior que a concorrência. Diante disso, o **monitoramento do mercado** pode acontecer por meio de **pesquisas** e **consulta a fontes primárias** e **secundárias**. Em se tratando de uma **inovação**, o caminho é verificar os **hábitos** dos clientes em relação a uma necessidade. Nesse caso, uma pesquisa não adiantaria, já que o produto a ser lançado é **inédito**.

Enquanto o mercado é monitorado, é necessário acompanhar as evoluções tecnológicas. Nesse caso, o autor sugere que seja estabelecido um **sistema de vigilância** que monitore a tecnologia existente e as que podem vir a substituí-la. Esse plano deve mapear quais

---

[1] Processo é um **conjunto de atividades** realizadas numa **sequência lógica** com o objetivo de produzir um bem ou serviço em resposta a uma oportunidade identificada de mercado (Hammer; Champer, 1993).

tecnologias estão sendo desenvolvidas em institutos de pesquisa, universidades, empresas concorrentes e também as tecnologias substitutas, advindas de outros setores industriais. A empresa precisa acompanhar essa evolução para se adequar nos aspectos técnicos e de competência funcional, caso estes atinjam o ponto de **maturação tecnológica**.

Figura 6.1 – Monitoramento tecnológico e de mercado

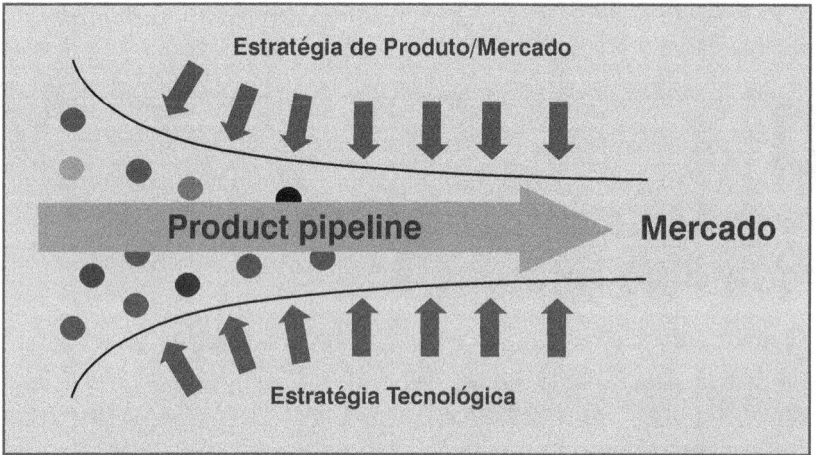

Estratégia de Produto/Mercado

Product pipeline → Mercado

Estratégia Tecnológica

Fonte: Rozenfeld et al., 2006, p. 57.

Na figura, os **círculos** representam o número de projetos de produtos que a empresa possui. Um comitê multidisciplinar avalia cada projeto e define qual será desenvolvido. Em seguida, eles passam por **filtros**; em um deles, é feita uma análise do mercado (percepção dos consumidores em relação à inovação, verificação do mercado para ver se ele está preparado para receber o produto etc.) e, em outro, da tecnologia (não somente do que já existe no mercado, mas, principalmente, em termos de competência interna). Após a análise do mercado e da tecnologia, é emitido um **documento** com as especificações de entrada dos projetos no processo de desenvolvimento.

Durante a fase de desenvolvimento, os projetos permanecem até "acertarem" (por meio do mecanismo de "tentativa e erro"). É importante estabelecer um **número máximo** permitido para tentativas. Caso esse número seja superior, deve ser congelado. Aqui é importante documentar os **erros** e os **acertos** para que estes possam ser acessados posteriormente. Se os projetos passarem dessa fase, são geradas as especificações de saída. Isso significa que eles estão prontos para entrarem no mercado.

O processo de desenvolvimento de produtos (PDP) é o caminho que a empresa percorre para levar o produto até o mercado. Esse caminho, que é representado na figura anterior por meio da flecha maior, deverá ser adaptado às **necessidades da empresa**, culminando em um modelo de referência que será a **ferramenta estratégica** para o desenvolvimento de bens.

6.1

Ferramenta estratégica para o PDP: modelo de referência

O modelo de referência usado no desenvolvimento de produtos é fundamental, pois determina a capacidade das empresas de controlar o processo por meio de etapas e atividades operacionais, além de possibilitar uma visão comum do processo a todos os envolvidos.

As etapas do desenvolvimento de produtos variam de autor para autor, de empresa para empresa e pela complexidade do projeto. Em geral, estão presentes nas fases da geração e seleção de ideias, dos testes de conceito, da análise financeira e comercial, do desenvolvimento físico, da definição das estratégias de marketing, do teste de mercado e do lançamento.

Entre as razões do fracasso de novos produtos, estão:

- falta de pesquisas de marketing, o que envolve equívocos na identificação das necessidades, figurando como uma das principais causas do fracasso de bens;
- falhas na identificação dos primeiros sinais de ofensiva da concorrência;
- cenários otimistas em relação à aceitação dos produtos no mercado;

- o fato de a empresa decidir o que o mercado quer sem questionar suas prioridades antes;
- problemas técnicos, envolvendo especialmente os setores de *design* e de produção;
- esforços insuficientes de marketing – achar que o produto se venderá por si só;
- *time to market* – entrada muito lenta ou muito rápida no mercado. Caso uma dessas duas possibilidades se torne real, é provável que haja alterações nas preferências dos consumidores ou que os concorrentes possam entrar mais rapidamente no mercado.

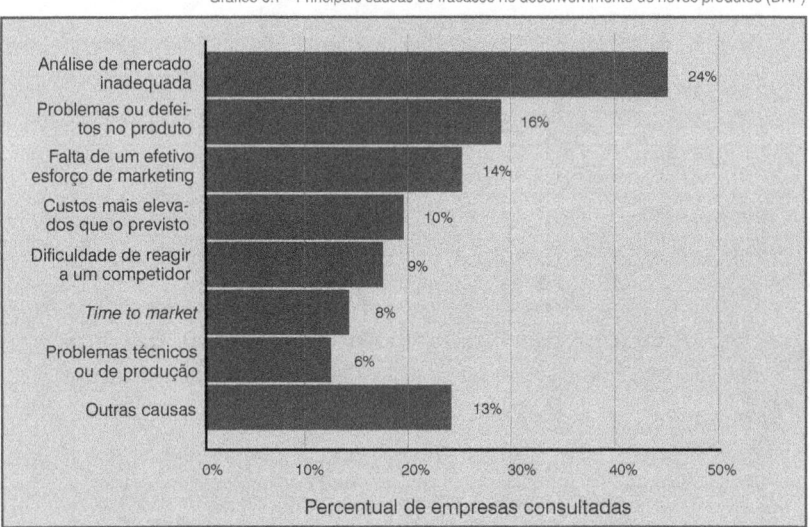

Gráfico 6.1 – Principais causas do fracasso no desenvolvimento de novos produtos (DNP)

Causa	Percentual
Análise de mercado inadequada	24%
Problemas ou defeitos no produto	16%
Falta de um efetivo esforço de marketing	14%
Custos mais elevados que o previsto	10%
Dificuldade de reagir a um competidor	9%
Time to market	8%
Problemas técnicos ou de produção	6%
Outras causas	13%

Percentual de empresas consultadas

Fonte: Adaptado de Cooper, 2003, p. 25.

Segundo Lovro (2012), também são fontes de desperdício no desenvolvimento de produtos as interrupções constantes, os ambientes de trabalho caóticos e indisciplinados, a falta de recursos disponíveis e de priorização de projetos e tarefas, a comunicação limitada entre a equipe de desenvolvimento e reuniões desnecessárias.

Com o passar dos anos, as ferramentas de desenvolvimento de produto foram sendo aprimoradas para melhorar o índice de sucesso de novos bens. É difícil pensar atualmente em um modelo que não seja de **desenvolvimento integrado** – isto é, que propicie uma visão **ampla**, **melhor comunicação** entre as áreas, a **participação de clientes e fornecedores** no processo de desenvolvimento – e que não mostre as vantagens da **realização de atividades simultaneamente**.

Rozenfeld et al. (2006) lançaram um complexo e importante estudo para a área de desenvolvimento de produtos, em que detalham uma ferramenta que compreende **três macroprocessos** (pré-desenvolvimento, desenvolvimento e pós-desenvolvimento), bem como seus estágios e atividades. Vale mencionar que, ao final de cada fase, os sistemas de *stage-gates* de Cooper, que serão mais bem detalhados adiante, são usados para o avanço de etapas.

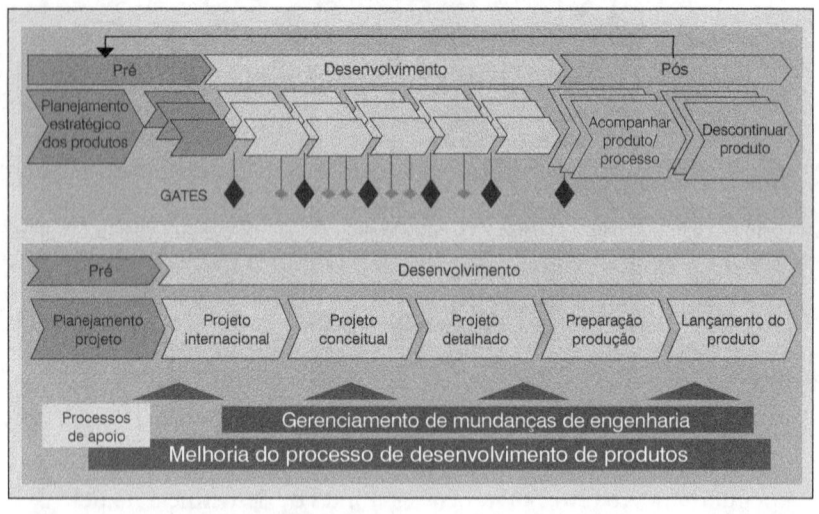

Figura 6.2 – Processo de desenvolvimento de produto (PDP)

Fonte: Adaptado de Rozenfeld et al., 2006, p. 44.

Na figura, a primeira macrofase do **pré-desenvolvimento** compreende o **planejamento estratégico** do negócio, que culmina na produção de um portfólio de produto que contenha as minutas dos projetos escolhidos. Estes, por sua vez, serão aprovados ou não na fase seguinte. A importância de se acompanhar criteriosamente essa fase diz respeito ao **uso eficiente dos recursos**, ao **alinhamento** com a estratégia da empresa e ao **início mais rápido dos projetos**.

Já durante o **desenvolvimento**, os autores sugerem a subdivisão em **quatro projetos** (informacional, conceitual, detalhado e produção), que compreendem desde a concepção do produto, a prototipagem e a definição dos processos de fabricação e montagem até o lançamento desse produto no mercado. Já o **pós-desenvolvimento** compreende o produto e sua atuação no mercado até que ele seja retirado, o que determina o fim do seu ciclo de vida. Outro ponto forte desse estudo refere-se aos processos de apoio, que servem como base para a gestão do conhecimento e do aprendizado organizacional.

A metodologia apresentada a seguir pode ser aplicada em qualquer tipo de projeto de produto e por empresas de pequeno, médio ou grande porte, em qualquer lugar do mundo. Considerada por muitas empresas como a ferramenta mais sofisticada para gerenciar o processo de inovação, o "**sistema de portões**" é utilizado hoje por mais da metade das empresas dos Estados Unidos. Esse sistema impõe uma forte disciplina no processo de inovação, tornando suas etapas **visíveis** a todos os envolvidos e esclarecendo as responsabilidades do líder do projeto e do restante da equipe em cada portão (ver Figura 6.4).

Neste estudo, será analisada a ferramenta intitulada *the stage-gate process*, criada e desenvolvida pelo autor americano Robert Cooper. Atualmente, ela encontra-se em sua **terceira geração**. Oriundo da área de gestão de projetos, esse processo de desenvolvimento de produtos se caracteriza por uma série de atividades prescritas, cross-funcionais (advindas de áreas funcionais diferentes) e paralelas. A entrada em cada estágio é um portão ou ponto de controle cujas decisões são feitas em equipe. Esses portões **controlam a qualidade do processo** e atestam se o projeto poderá evoluir para a etapa seguinte.

Como vimos, os estágios de desenvolvimento podem variar dependendo do contexto. No entanto, certos estágios são fundamentais, como a fase de concepção e triagem de ideias, a análise preliminar, o estudo detalhado do mercado e dos recursos internos, o teste de conceito, o desenvolvimento técnico do produto, o teste de mercado e o lançamento. Esse processo todo se constitui num **fluxo de tarefas** cujo objetivo é a **geração de um produto final**.

Figura 6.3 – Sistema de *stage-gate*

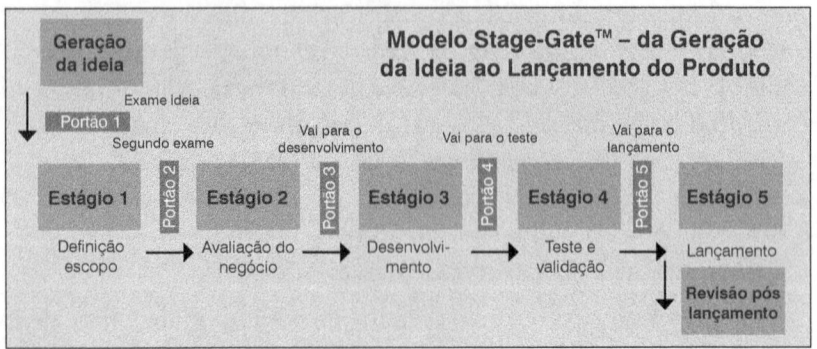

Geração da ideia	Modelo Stage-Gate™ – da Geração da Ideia ao Lançamento do Produto

Exame Ideia → Portão 1 → Estágio 1 (Definição escopo) → Segundo exame / Portão 2 → Estágio 2 (Avaliação do negócio) → Vai para o desenvolvimento / Portão 3 → Estágio 3 (Desenvolvimento) → Vai para o teste / Portão 4 → Estágio 4 (Teste e validação) → Vai para o lançamento / Portão 5 → Estágio 5 (Lançamento) → Revisão pós lançamento

Fonte: Silveira, 2006, p. 3.

De acordo com Cooper (1993), para adentrar no processo de desenvolvimento, cada projeto escolhido deverá passar pelos seguintes estágios do *stage-gate*:

1. **Investigação preliminar**: Consiste num estudo inicial que utiliza dados secundários e por meio do qual o escopo do projeto é verificado.
2. **Plano de negócio**: Trata-se de um estudo técnico e de mercado mais detalhado, que inclui a definição e a justificativa do projeto e também um plano de ação. O conceito engloba os benefícios oferecidos, bem como a descrição do *design* do produto e da posição que ele terá no mercado durante a fase de lançamento do conceito. O objetivo dessa etapa é avaliar a aceitação do público em relação à ideia do novo bem – os consumidores respondem a algumas perguntas para que a empresa avalie se eles realmente compreendem o conceito do produto a ser elaborado e para que saiba se esses consumidores pretendem comprá-lo. A seguir, consta um teste de conceito típico realizado em uma entrevista pessoal com os consumidores potenciais de determinado produto. Antes do início do teste, é necessário que se tenha certeza de que o conceito foi compreendido pelos consumidores.

Quadro 6.1 – Teste de conceito

Questionário de Conceito

1a. Você está interessado na proposta do produto?

| ( ) Não estou interessado | ( ) Não muito interessado | ( ) Indeciso |
| ( ) Interessado | ( ) Muito interessado | |

1b. Por que você está interessado (ou não)?

2a. Em que nível você gosta do produto?

| ( ) Não estou interessado | ( ) Não muito interessado | ( ) Indeciso |
| ( ) Interessado | ( ) Muito interessado | |

2b. Identifique os aspectos dos quais você mais gosta no produto.

2c. Do que você menos gosta?

3a. Suponha que você já "comprou" (ou já conhece) a marca "X". O produto novo, em comparação com a marca X, supera suas expectativas?

| ( ) Não estou interessado | ( ) Não muito interessado | ( ) Indeciso |
| ( ) Interessado | ( ) Muito interessado | |

3b. Por que você gosta mais do novo produto (ou menos do que da marca "X")?

4. Digamos que o novo produto já esteja disponível. Quanto você pagaria por ele?

5a. Consideremos que o novo produto está no mercado pelo preço de R$ Y. Você pagaria por ele?

| ( ) Não estou interessado | ( ) Não muito interessado | ( ) Indeciso |
| ( ) Interessado | ( ) Muito interessado | |

(continua)

(Tabela 6.1 – conclusão)

5b. Por quê? O que o fez escolher essa resposta?
5c. (Se a resposta for negativa): O que você gostaria que fosse mudado no produto? Tem alguma sugestão?

Fonte: Adaptado de Cooper, 1993, p. 205.

- As **questões fechadas** ajudam a coletar dados de um grande número de pessoas, enquanto as abertas enriquecem a pesquisa com informações e sugestões que poderão ser úteis para melhorar o produto ou reformular o conceito.
- Com base no conceito em forma de texto, devemos partir para a **construção do protótipo** em programas de computador que ilustrem a proposta do produto físico. Dessa forma, o bem poderá ser mostrado aos possíveis consumidores, que, por sua vez, darão suas opiniões sobre ele.
- Se o mercado for **atrativo**, o produto passará a ser desenvolvido por meio do conceito previamente elaborado.

3. **Desenvolvimento**: Refere-se ao desenvolvimento físico do novo produto, com suas especificações e com a definição do processo de produção. Assim que o protótipo do item for construído, a equipe deverá partir para a fabricação e a montagem. Vale salientar que, durante a avaliação do processo de produção, é determinada a **capacidade produtiva** do produto a ser fabricado. Além disso, é nesse momento que se verifica se a capacidade produtiva será suficiente para atender à demanda.
    - **Validação e teste:** Nessa fase, são aplicados testes em laboratório, na própria planta industrial ou no mercado, para a verificação e validação das estratégias de marketing e da produção do produto. O teste de mercado visa minimizar os riscos de um lançamento em larga escala, sendo esse lançamento reduzido a uma área geográfica específica. Curitiba, durante 30 anos, foi considerada um **mercado-teste** em virtude de sua localização geográfica e por representar um universo socioeconômico semelhante ao das grandes capitais, porém com custos de introdução

menores, principalmente no que se refere à divulgação. Ou seja, trata-se de uma cidade com características que permitem um maior controle das técnicas de divulgação e um menor impacto em caso de lançamentos mal sucedidos.

- **O lançamento gradativo**, isto é, que ocorre em partes, foi a estratégia da Nabisco ao lançar o biscoito Club Social primeiramente nos estados do sul do Brasil. Além disso, todos lembram que, antes de ser lançado definitivamente, o Orkut foi disponibilizado em versão beta para **testes**. Nesse sentido, é importante mencionar a existência do **teste alfa**, que é realizado ainda dentro da empresa para identificar possíveis necessidades e utilidades não vistas de determinado produto. Dessa forma, possíveis problemas podem ser solucionados.

4. **Lançamento:** Marca o início da produção do bem para o mercado e envolve ações de marketing e de comercialização. Nessa etapa, inicia-se o ciclo de vida do produto, com lançamento em **larga escala**. Diante disso, uma questão relevante é o **tempo de lançamento**. Isso porque, quanto menor o tempo de desenvolvimento do produto, menor também o risco de a informação vazar e a concorrência se antecipar com o lançamento de um bem similar. Desse modo, assim que o produto for lançado, a concorrência ainda levará um tempo para produzir um novo bem similar, mas que apresente um diferencial em relação à outra empresa, seja em termos de propaganda, seja em termos de preço. Nessa fase, geralmente a rapidez é tanta que a varejista Zara, por exemplo, leva menos de 15 dias para "copiar" os modelos lançados nos desfiles internacionais. A variável **tempo** também é responsável pelo **consumo de investimento**. Assim, quanto maior o tempo depositado na produção de um bem, maior também a quantia de **dinheiro** aplicada.

- Nessa etapa, também é importante dar uma atenção especial às **ações de marketing**. A campanha do lançamento da nova fórmula da Pepsi foi tão positiva que estimulou os consumidores da Coca-Cola a experimentarem a bebida. Entretanto, houve problemas na estratégia de distribuição, pois os consumidores não encontravam o produto da Pepsi nas prateleiras de mercados.

As fases referentes ao desenvolvimento de um produto, representadas pelas flechas na figura a seguir, compreendem uma **série de tarefas** a serem cumpridas antes de se avançar para o estágio seguinte. Nesse contexto, os momentos de **transição de fases** são chamados de *portões*.

Para entrar no portão, é necessário que a fase anterior englobe e entregue um **conjunto de resultados**. No portão, devem existir **critérios de aprovação** que avaliem a atratividade e o crescimento do mercado, os benefícios do produto para o cliente e as mudanças no ambiente externo que ocorreram durante a fase do desenvolvimento. Vale ressaltar que esses critérios são definidos de acordo com o **tipo de produto**. Além disso, a aprovação para a fase nova deve ser feita por pessoas diferentes das que definiram os critérios. Caso o produto seja aprovado, o time de avaliação irá definir os critérios (em inglês, *outputs*) para o portão seguinte, e assim por diante.

Figura 6.4 – Portão

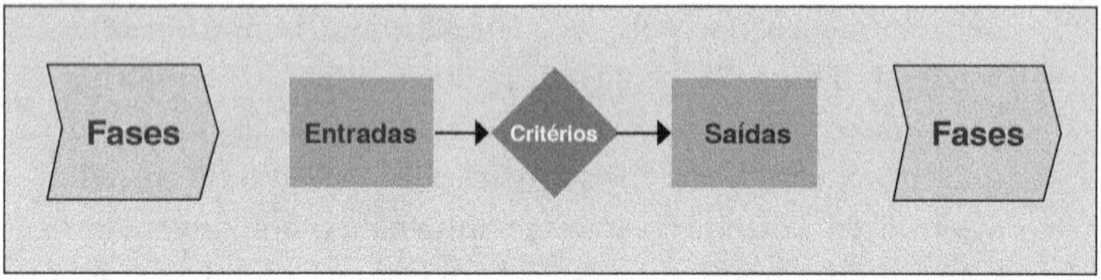

Fases → Entradas → Critérios → Saídas → Fases

Fonte: Adaptado de Cooper, 2003, p. 132-133.

Com a realização das atividades simultaneamente, é possível chegar ao fim das etapas antes do prazo esperado, reduzindo-se, assim, o tempo de desenvolvimento do produto. Para que as atividades ocorram simultaneamente, várias áreas inerentes ao projeto devem estar **interligadas**. Dessa forma, é a complexidade do projeto que irá definir o tempo de comprometimento das equipes, se estas serão criadas para o referido projeto em tempo integral ou se trabalharão paralelamente a outras atividades departamentais. É importante mencionar que as informações referentes a cada atividade recém-concluída devem estar disponíveis para as fases se seguirem. O objetivo disso é evitar a perda de informações e facilitar o acesso destas a qualquer tempo.

Estabelecer práticas para o armazenamento de informações garante o compartilhamento e a disseminação dessas informações para o **conhecimento organizacional**. Documentar as etapas de desenvolvimento, bem como as decisões e ações ligadas a elas, evita a repetição de erros. Além disso, a não centralização de informações faz com que o tempo de desenvolvimento do produto seja reduzido, o que, por sua vez, traz inúmeras vantagens à empresa.

> Depois de fazer uma análise retrospectiva dos projetos referentes aos novos produtos de sua empresa, dê uma atenção especial às várias atividades e ações do processo de desenvolvimento de bens. Meça a qualidade de execução e identifique as boas práticas e as ações deficientes desse processo. Em seguida, responda: Quais lições você aprendeu ao realizar essa análise? A sua empresa possui, de fato, um processo definido para o desenvolvimento de produtos?
>
> Se sim, verifique se esse processo é construído sobre algumas bases, respondendo aos seguintes questionamentos: É dada ênfase à fase de pré-desenvolvimento? O processo é multidisciplinar, ou seja, conta com equipes advindas de diferentes funções ou departamentos da empresa? As atividades do processo ocorrem paralelamente? A empresa coloca foco nas pontes de decisão para dar continuidade somente aos bons projetos? O produto é definido antes do estágio de desenvolvimento? Existe uma forte orientação para a qualidade na execução, visando à diminuição de falhas no processo? Se a maioria das respostas a essas perguntas for "não", repense o processo da empresa onde trabalha.

Estudo de caso

A inovação e o desenvolvimento de produtos na Whirlpool

Conhecida pelos consumidores brasileiros por suas marcas Brastemp e Consul, a Whirlpool Corporation é a líder mundial na fabricação e no comércio de **eletrodomésticos**.

Depois de navegar anos pelo oceano comoditizado da linha branca (geladeiras, *freezers*, fogões, micro-ondas e condicionadores de ar), também conhecido como "mar de branco", e se deparar com produtos padronizados, sendo difícil a diferenciação da aparência até mesmo em relação aos produtos da concorrência, a empresa se viu diante de um grande desafio.

Apesar de ser a maior fabricante do mundo, de ter conseguido alcançar economias de escala e de ter cortado milhões de dólares em custos, a Whirlpool mudou a partir de 1999. Segundo David Whitwam, então *Chief Executive Officer* (CEO) da companhia, a padronização dominante fez com que os preços dos produtos caíssem 3,4% ao ano, afetando as margens e o valor das ações (empresa de capital aberto) (Oliveira; Barifouse, 2010). Por isso, a empresa sentiu na pele os efeitos de uma estratégia baseada na competição acirrada por *market share*, em que as estratégias de desenvolvimento de produtos se concentravam em alterações incrementais.

A primeira providência de Whitwam foi convocar Nancy Tennant, especialista em comportamento organizacional, concedendo-lhe o cargo de diretora de processos estratégicos. Ela, por sua vez, sugeriu a contratação do consultor Gary Hamel para ajudar a desenvolver o processo. Além disso, a Whirlpool dispunha de ferramentas e pessoal treinado para tentar implementar uma mudança. Como ponto de partida, foram selecionados 75 funcionários entre a matriz dos Estados Unidos e as duas subsidiárias da Itália e do Brasil para receberem aulas. O objetivo era fazer com que esses profissionais aprendessem a **inovar sem restrições**. Caberia a eles a tarefa não apenas de exercitar a criatividade, mas também de **disseminar a nova cultura corporativa da empresa**.

Apesar de uma estratégia como essa ser aplicada em **longo prazo**, a Whirlpool começou a ter resultados já nos primeiros cinco anos. Entre 2001 e 2005, as vendas de itens definidos como inovadores subiram de US$ 10 milhões para US$ 760 milhões. Em 2006, o volume gerado pela inovação passou para US$ 3 bilhões e tem se mantido até hoje (Oliveira; Barifouse, 2010).

Em 2009, a empresa sediada no Brasil registrou no Instituto Nacional de Propriedade Industrial (Inpi) o maior número de patentes. Foram 31, devendo-se ressaltar que a Whirlpool foi a única brasileira entre as 1.000 companhias que mais registraram patentes no mundo. Duas das inovações saídas dos centros de pesquisa e desenvolvimento (P&D) brasileiros foram a lavadora Consul, com marcações de quantidade certa de sabão (inovação em produto), e o purificador de água Brastemp (inovação em modelo de negócio).

Já o número de lançamentos de novos produtos no mesmo ano foi de 160, o que representa uma média de 3 por semana. Desse número, uma boa parcela pertence à categoria de produtos inovadores, cuja participação no faturamento foi de 22% em 2009.

O processo de desenvolvimento de produtos (PDP)

A importância de um PDP está na **estruturação** e no **suporte à inovação**. Com a aplicação da metodologia, a empresa consegue descobrir os **pontos fortes** e **fracos** de cada uma das linhas de produtos, compará-los com o mercado e propor planos de ação mais pontuais.

A modelagem escolhida pela empresa assemelha-se à de um processo industrial. Já o processo criativo acontece de diversas maneiras, advindas não somente de um departamento específico, mas também dos ambientes internos e externos à empresa.

Por meio de uma lista de critérios chamada *I-Box*, as ideias são avaliadas e, se não for possível apresentá-las em um período de tempo equivalente a uma viagem de elevador (*elevator slide*), são descartadas. Veja na Figura 6.6 como funciona a seleção das ideias que entram no ciclo de desenvolvimento.

Figura 6.6 – Figura elaborada com base na reportagem produzida pela revista *Época Negócios*

Da mente ao mercado

Para transformar invenção em inovação, a Whirlpool emprega um processo sistemático

1. Por meio de *workshops* e pesquisas são identificadas oportunidades. I-mentors, funcionários treinados em inovação, identificam as ideias mais promissoras.

2. Os conceitos que tornam um produto inovador – atrativo para o cliente, único no mercado e que gere valor para os acionistas – são analisados por meios de pesquisas e pela equipe de marketing.

3. As informações são resumidas em um relatório de oportunidades, analisado pelo I-board, um grupo de 15 funcionários de diferentes áreas e especialistas.

4. O I-board verifica objetivamente se a ideia atende aos critérios do I-box, um questionário que verifica pontos específicos, como receita potencial, viabilidade técnica e relevância para a marca.

5. Se a inovação é aprovada pelo I-board e atende aos critérios do I-box, recebe financiamento e segue para as *Innovation Product Tracking* (IPTs), equipes de desenvolvimento de produtos da empresa.

6. Depois de aprovado nos testes de segurança e conformidade de padrões nacionais e internacionais, o produto é lançado. O processo dura 18 meses, em média.

Fonte: Oliveira; Barifouse, 2010.

Design

O centro de *design* da empresa é composto por jovens responsáveis por transformar as ideias selecionadas em conceitos de produtos, trabalhando diversos atributos com o objetivo de aumentar as chances de sucesso desses produtos. Vale salientar que muitas das ideias se transformam em produtos inovadores. Depois de definidos, os produtos passam para o departamento de engenharia, que irá analisar a sua viabilidade técnica e adequá-los às especificações do mercado. Veja a seguir a descrição de algumas inovações.

Em 2009, a Whirlpool conseguiu um feito no mercado: levou o sistema de descongelamento automático dos refrigeradores Brastemp de duas portas para geladeiras da marca Consul. Pesquisas de campo com consumidores de baixa renda apontavam que uma das maiores dificuldades das donas de casa era o ato de fazer o degelo das geladeiras. Ao transportar o sistema *premium* para a linha popular, a Whirlpool criou um novo mercado.

A Brastemp Independente é uma linha pensada e desenvolvida com foco em *design* universal, que tem como objetivo desenvolver tecnologias que aprimorem a interação do usuário portador de deficiência com os produtos. Essa linha surgiu a partir da constatação de que 12% da população brasileira apresenta alguma restrição ou deficiência física (Whirlpool Latin America, 2009).

A Brastemp You é um exemplo de inovação no modelo de negócios. Trata-se de uma linha de geladeiras, fogões e lava-louças customizados pelo consumidor e comercializados pelo sistema de *e-commerce*. Os pedidos chegam à fábrica com o nome do cliente e a lista de especificações. A partir daí, uma equipe acompanha todas as etapas de produção. Ao final do processo, o comprador recebe o produto em casa, com seu nome estampado na embalagem.

Muitos projetos inovadores e promissores são reservados para serem desenvolvidos e lançados quando o mercado estiver **maduro** para recebê-los. Foi assim com o **My Mood**, um condicionador de ar que combina temperatura, cores e aromas.

A Whirlpool introduziu em 2009 a metodologia *design for environment* (DFE), uma ferramenta adicional ao PDP. Esse modelo leva em conta os **fatores ambientais** e como estes podem ser incorporados aos produtos e aos modelos de negócios desde a concepção até o descarte. Isso também faz parte da missão de sustentabilidade da companhia, que tem o compromisso de reduzir o impacto ambiental por meio da diminuição do consumo de água, gás e energia elétrica e da redução das emissões de carbono e de resíduos e substâncias nocivas no PDP.

Por exemplo: a marca Consul, em parceria com centrais elétricas brasileiras, proporciona à população de baixa renda o acesso a produtos de menor consumo energético e impacto ao meio ambiente (Whirlpool Corporation, 2012).

Consumidor

Os clientes são fonte de obtenção de novas ideias e retroalimentação do processo de concepção e inovação de produtos e serviços. O acompanhamento da satisfação é feito pelo indicador *customer value added* (CVA), que, em português, remete ao valor percebido pelo cliente. Esse mecanismo avalia a experiência do consumidor em relação aos serviços da companhia.

A internet também é utilizada para **aproximar os clientes da empresa, não servindo somente como ferramenta de venda e** *e-commerce*. Nesse contexto, apontamos para a importância do monitoramento das redes sociais em busca de comentários, críticas e sugestões. Em 2010, um dos destaques da comunicação *on-line* foi a campanha "Inspiração muda tudo e a vida fica assim, uma Brastemp", veiculada exclusivamente no canal YouTube. O vídeo tem 2,5 milhões de acessos: <http://www.youtube.com/watch?v=-Hc1kFvUTT4&feature=player_embedded>.

Para refletir

Neste capítulo, foi abordada a importância de se definir um modelo estruturado de desenvolvimento de produto independentemente da abordagem escolhida. Levando isso em conta, procure conhecer as metodologias disponíveis para o PDP que melhor se adaptam ao seu modelo de negócio. Veja a seguir alguns modelos disponíveis seguintes:

- **Design for environmental (DFE)**: Visa diminuir o impacto ambiental em todas as fases do ciclo de vida do produto. As embalagens Tetra Pak foram desenvolvidas por meio dessa metodologia.
- **Lean development (ou desenvolvimento enxuto)**: Propõe uma investigação do desperdício por meio de uma visão mais interativa e que gere valor ao PDP e aos stakeholders, eliminando-se atividades desnecessárias, o mau uso do tempo e informações erradas que possam surgir no decorrer do processo.
- **Design for Six Sigma**: Trata-se de uma metodologia capaz de desenhar produtos, serviços e processos que vão ao encontro das necessidades dos consumidores. Engloba seis níveis de qualidade.

Comentários finais

Diversas experiências e práticas organizacionais mostram que existe um caminho, viabilizado por meio de uma metodologia de trabalho, para diminuir os riscos de erros e fracassos no desenvolvimento e lançamento de produtos. Esse "caminho" parte da conscientização e da internacionalização de uma cultura organizacional engajada na inovação e no crescimento sustentável, atuando em benefício da comunidade e do meio ambiente junto aos órgãos responsáveis.

Indicações culturais

OS DEUSES devem estar loucos. Direção: Jamie Uys. África do Sul: Cat Films, 1980. 108 min.

Assista ao filme e repense o conceito de *necessidade*. Veja que algumas necessidades do ser humano podem estar latentes e ser estimuladas pelo gestor por meio de fatores como a utilidade.

O MÁGICO de Oz. Direção: Victor Fleming. EUA: MGM; Warner Bros., 1939. 101 min.

Aqueles que já assistiram ao filme podem revê-lo, agora sob uma perspectiva empresarial. Não deixe de analisar o momento histórico em que a protagonista da história vivia e elementos como o tornado e a fantástica terra de Oz.

CHOCOLATE. Direção: Lasse Hallström. EUA: Miramax Films, 2000. 105 min.

O filme, que é protagonizado por Juliette Binoche, retrata a criação de uma loja de chocolates.

O EQUILIBRISTA. Direção: James Marsh. Reino Unido: Discovery Films, 2008. 94 min.

O documentário que conta como Philippe Petit surpreendeu o mundo ao atravessar o vão entre as torres gêmeas do World Trade Center, em Nova Iorque, em um cabo de aço suspenso, a 411 metros de altura. Depois de ver o filme, reflita sobre até onde vai a sua ousadia e aversão ao risco.

O GÂNGSTER. Direção: Ridley Scott. EUA: Universal Pictures, 2007. 157 min.

O filme mostra como "roubar" espaço da concorrência por meio da identificação e da exploração das ineficiências de determinado setor.

OS AMORES de Picasso. Direção: James Ivory. EUA: Warner Bros.; Wolper Productions; Merchant-Ivory Productions, 1996. 125 min.

O filme retrata o processo criativo de um gênio da arte e dá detalhes acerca da produção de sua obra.

ASSASSINATO em Gosford Park. Direção: Robert Altman. Inglaterra; EUA; Alemanha: Capitol Films, 2001. 137 min.

Ao ver o filme, atente para a governanta da mansão. Segundo a Forbes, a personagem dá uma das melhores definições sobre orientação para o mercado. Ela fala o seguinte: "Eu sei quando eles sentirão fome, e a comida está pronta. Eu sei quando eles ficarão cansados, e sua cama estará arrumada. Eu sei disso tudo antes mesmo que eles o saibam".

A REDE social. Direção: David Fincher. EUA: Sony Pictures, 2010. 190 min.

Lançado em 2010, o filme conta a história do fundador do Facebook. Trata-se de uma biografia não autorizada.

TUCKER: Um homem e seu sonho. Direção: Francis Ford Coppola. EUA: Lucasfilm, 1988. 110 min.

O filme de Francis Ford Coppola narra a história da criação do modelo de carro Torpedo por um americano visionário, cujo sonho era lançar um automóvel avançado para os padrões da época (período pós Segunda Guerra Mundial). Saiba mais sobre o Tucker Torpedo – ou Tucker 48 – acessando o seguinte *link*: <http://www.tuckerclub.org>.

REVISTA MUNDO PM – PROJECT MANAGEMENT. Disponível em: <http://www.mundopm.com.br/default.jsp>. Acesso em: 12 fev. 2012.

Trata-se de uma publicação bimestral especializada em gerenciamento de projetos, programas e portfólio. Após a leitura, faça uma correlação com os temas tratados. Não se esqueça de utilizar o conteúdo da revista em sua vida profissional!

Bibliografia comentada

FERREL, O. C.; HARTLINE, M. D. **Estratégia de marketing**. 3. ed. São Paulo: Thompson Pioneira, 2008.

Esse livro oferece uma abordagem prática e direta da análise, do planejamento e da implementação de estratégias de marketing que visem à realização de metas e objetivos organizacionais. Considerando isso, recomendamos a leitura do Capítulo 7, que trata das estratégias de produto e abrange a classificação, as linhas e o composto de produto, bem como as estratégias que envolvem o ciclo de vida e os serviços e a marca.

COOPER, R. **Winning at New Product Development**: Accelerating the Process from Idea to Launch. New York: Perseus Publishing, 2003.

Robert Cooper aborda, nesse livro, a maneira como a empresa deve se organizar para desenvolver produtos mediante a utilização de uma ferramenta que é usada atualmente por mais da metade das empresas de sucesso ao redor do mundo. Além disso, o livro traz exemplos que ocorreram ao longo dos 25 anos de estudo do autor para identificar fatores que distinguem os produtos vencedores dos perdedores.

IRIGARAY, A.; NASSER, J. **Gestão e desenvolvimento de produtos e marcas**. Rio de Janeiro: Ed. da FGV, 2004.

Esse livro apresenta conceitos fundamentais para o sucesso no gerenciamento de produtos. Para isso, é recomendada a leitura dos seguintes capítulos: "O ciclo de vida do produto"; "Estratégia para o ciclo de vida dos produtos"; "Análise do portfólio de produtos"; "Gerenciamento do portfólio de produtos"; "O gerenciamento de produtos e marcas nas organizações".

MOORE, G. A. **Dentro do furacão**: estratégias de marketing para empresas de ponta. São Paulo: Futura, 1996.

Esse livro da Editora Futura é a sequência de *Atravessando o abismo* (em inglês, *Crossing the Chasm*), de Geoffrey Moore. A proposta é examinar e discutir como vencer a batalha que o produto inovador terá de enfrentar para entrar e permanecer no mercado dominante, que, metaforicamente, o autor chama de a "Terra do Oz". O tornado é usado para ilustrar as turbulências que ocorrem no cenário que a internet criou.

Síntese

A primeira parte desta obra se propôs a apresentar ferramentas para o desenvolvimento de produtos, enfatizando a importância desse processo. Além disso, foram discutidos os aspectos que estão ligados ao produto, como a marca, o posicionamento e a diferenciação. Vimos que o sucesso de novos bens não é uma questão de sorte, e sim de planejamento. Nesse contexto, a maneira como as empresas se organizam para a elaboração de novos projetos, mantendo-se na vanguarda da inovação tecnológica, alimentando um processo interno de desenvolvimento que nutra a organização de informações e aprendizado e, principalmente, mantendo canais de comunicação com seus clientes, garante o sucesso no mercado de trabalho.

A expectativa de sobrevivência das empresas é proporcional à sua capacidade de desenvolver novos produtos. As organizações que entendem isso são, portanto, as que esperam ter entre 40% e 70% de sua receita gerada por produtos que foram desenvolvidos e lançados dentro dos últimos três anos (Yoshimura; Kondo, 1995).

Uma grande aliada das empresas é a tecnologia digital, que surgiu para melhorar os processos de desenvolvimento de produtos, seja tornando as fases visíveis a todos, seja disseminando informações por meio de *softwares* rápidos. Atualmente, também é inegável a potência que a internet representa, e o ato de ignorá-la é fatal para as empresas que lutam para sobreviver em um mercado de margens estreitas, de redução de custos e de concorrência globalizada.

Nesta primeira parte, vimos também onde buscar ideias para o desenvolvimento de novos produtos. Nesse contexto, as definições de **único**, **superior** e **benefício** são construídas com base na perspectiva do consumidor, devendo, portanto, estar fundamentadas em um profundo entendimento das necessidades, desejos e preferências desse consumidor. Para isso, é necessário estabelecer um contato mais próximo com ele, descobrindo necessidades que ainda não foram satisfeitas. Munido desse conhecimento, o executivo cria, então, um problema e sai em busca de soluções. Caso o conceito de seu produto já esteja definido, este deve ser testado, mesmo que ainda não haja um produto físico construído.

Um dos grandes benefícios de se criar produtos raros, inimitáveis e com valor é o fortalecimento da imagem tanto do produto quanto da empresa. Vale ressaltar que esse fortalecimento da imagem pode mudar a forma como os consumidores interagem com a marca em questão. Portanto, cuidar da imagem é fundamental, já que ela confere **credibilidade** e **qualidade** aos produtos.

Finalmente, é necessário mencionarmos que os desafios são muitos. Isso porque os empresários, além de atuarem em um ambiente no qual as incertezas imperam e existe sempre um montante de recursos considerável envolvido, precisam conhecer as melhores estratégias e práticas de mercado para se organizarem, encontrando os melhores e mais adequados métodos para as empresas em que trabalham.

Referências

ALBUQUERQUE, F. Marketing inverso e hipercompetição. **Gecorp**, 1º out. 2010. Disponível em: <http://gecorp.blogspot.com.br/2007/10/marketing-inverso-e-hipercompetio.html>. Acesso em: 21 jun. 2012.

ALDEIA TECNOLOGIA. **Em três anos, dobra número de brasileiros com internet em casa**. Disponível em: <http://www.aldeiatecnologia.com.br/website/pt/noticias/14-em-tres-anos-dobra-numero-de-brasileiros-com-internet-em-casa.html>. Acesso em: 8 fev. 2012.

AMORIM, G. M. de. **Estratégias para difusão de um ambiente virtual para comércio eletrônico via internet**. Dissertação (Mestrado em Engenharia de Produção e Sistemas) – Universidade Federal de Santa Catarina, Florianópolis, 1999. Disponível em: <http://www.eps.ufsc.br/disserta99/giana/cap4.htm>. Acesso em: 15 ago. 2010.

ARRUDA, M.; VERMULM, R.; HOLLANDA, S. **Inovação tecnológica no Brasil**: a indústria em busca da competitividade global. São Paulo: Anpei, 2006. Disponível em: <http://www.slideshare.net/ProjetoBr/inovao-tecnolgica-no-brasila-indstria-em-busca-da-competitividade-global?type=-document>. Acesso em: 8 fev. 2012.

ARTIGOS E-COMMERCE. **Marketing web**: Veja qual é o maior público e a rede social mais acessada. 2 out. 2010. Disponível em: <http://www.artigosecommerce.com.br/marketing-web-veja-qual-e-o-maior-publico-e-a-rede-social-mais-acessada-da-internet>. Acesso em: 5 jul. 2012.

BRASIL. Decreto n. 5.563, de 11 de outubro de 2005. **Diário Oficial da União**, Poder Executivo, Brasília, 13 out. 2005. Disponível em: <http://www6.senado.gov.br/legislacao/ListaPublicacoes.action?id=253210&tipoDocumento=DEC&tipoTexto=PUB>. Acesso em: 8 fev. 2012.

BRASIL. Lei n. 9.279, de 14 de maio de 1996. **Diário Oficial da União**, Poder Legislativo, Brasília, 15 maio 1996. Disponível em: <http://www6.senado.gov.br/legislacao/ListaPublicacoes.action?id=102474&tipoDocumento=LEI&tipoTexto=PUB>. Acesso em: 7 fev. 2012.

_____. Lei n. 10.973, de 2 de dezembro de 2004. **Diário Oficial da União**, Poder Legislativo, Brasília, 3 dez. 2004. Disponível em: <http://www.planalto.gov.br/ccivil_03/_ato2004-2006/2004/lei/l10.973.htm>. Acesso em: 9 nov. 2012.

C&A. Disponível em: <http://www.c-and-a.com/uk/en/corporate/company/about-us/brands>. Acesso em: 21 jun. 2012.

CAMPOS, A. et al. (Org.). **Os ricos no Brasil**. São Paulo: Cortez, 2004. (Série Atlas da Exclusão Social, v. 3).

CARVALHO, A. C. Arte e dinheiro: tendências no mercado nacional e internacional de arte. **Centro Cultural Bradesco**, 24 abr. 2008.

Disponível em: <http://www.acervo.sp.gov.br/artigos/arquivos/ARTE_E_DINHEIRO.pdf>. Acesso em: 8 fev. 2012.

CHIAVENATO, I. **Gestão de pessoas**: o novo papel dos recursos humanos nas organizações. Rio de Janeiro: Campus, 1999.

COOPER, R. **Winning at New Products**: Accelerating the Process from Idea to Launch. Cambridge: Perseus Books, 1993.

_____. _____. 3. ed. Cambridge: Perseus Books, 2003.

COOPER, R. G.; KLEINSCHMIDT, E. J. **New Products**: The Key Factors in Success. Chicago: American Marketing Association, 1990.

CORAL, E.; OGLIARI, A.; ABREU, A. F. **Gestão integrada da inovação**: estratégia, organização e desenvolvimento de produtos. São Paulo: Atlas, 2008.

D'ANGELO, A. C. Vendendo mais para os mesmos. **Gestão do Luxo**, 2012. Disponível em: <http://www.gestaodoluxo.com.br/gestao_luxo_novo/segmentos/moda/moda.asp>. Acesso em: 8 fev. 2011.

FERREL, O. C.; HARTLINE, M. D. **Marketing Strategy**. Ohio: Thomson South West, 2005.

GEHIN, A.; ZWOLINSKI, P.; BRISSAUD, D. A Tool to Implement Sustainable End-of-Life Strategies in the Product Development Phase. **Journal of Cleaner Production**, v. 16, p. 566-576, 2008.

GESTÃO DE LUXO. **Mercado**. Disponível em: <http://www.gestaodoluxo.com.br/gestao_luxo_novo/mercado.asp>. Acesso em: 21 jun. 2012.

HAMMER, M.; CHAMPY, J. **Reengineering the Corporation**: a Manifesto for Business Revolution. London: Nicolas Brealey Publishing, 1993.

HILSDORF, C. O paradoxo da inovação. **Cidademarketing**, 6 ago. 2010. Disponível em: <http://www.cidademarketing.com.br/2009/imprimir/ar/76/o-paradoxo-da-inovao.html>. Acesso em: 12 out. 2010.

IBGE – Instituto Brasileiro de Geografia e Estatística. **Pesquisa anual de serviços**. Rio de Janeiro, 2009. v. 11. Disponível em: <http://biblioteca.ibge.gov.br/visualizacao/monografias/GEBIS%20-%20RJ/pas/pas2009.pdf>. Acesso em: 28 jun. 2012.

INTERBRAND. **2010 Ranking of the Top 100 Brands**. Disponível em: <http://interbrand.com/pt/best-global-brands/best-global-brands-2008/best-global-brands-2010.aspx>. Acesso em: 8 fev. 2012a.

_____. **Best Global Brands 2011**. Disponível em: <http://www.interbrand.com/en/best-global-brands/Best-Global-Brands-2011.aspx>. Acesso em: 21 jun. 2012b.

KIM, W. C.; MAUBORGNE, R. **A estratégia do oceano azul**. Rio de Janeiro: Campus, 2005.

KOTLER, P. **Administração de marketing**: análise, planejamento, implementação e controle. 5. ed. São Paulo: Atlas, 1998.

_____. **Administração de marketing**: a edição do milênio. São Paulo: Prentice Hall, 2000.

_____. **Marketing de A a Z**. Rio de Janeiro: Campus, 2003.

KOTLER, P.; KELLER, K. L. **Administração de marketing**: a bíblia do marketing. 12. ed. São Paulo: Prentice Hall, 2006.

LOUIS VUITTON. **Cambodia**. Disponível em: <http://www.louisvuitton.com/front/#/eng_US/Journeys-section/Encounters/Cambodia>. Acesso em: 21 jun. 2012.

LOVRO, A. **Aplicação do pensamento Lean no desenvolvimento de produtos**. Disponível em: <http://www.lean.org.br/comunidade/artigos/pdf/artigo_67.pdf>. Acesso em: 9 nov. 2012.

MARKETING E INOVAÇÃO. **Revitalizando uma marca**. Disponível em: <http://marketing-e-inovacao.blogspot.com.br/2009/06/revitalizando-uma-marca.html>. Acesso em: 21 jun. 2012.

MCMATH, R.; FORBES, T. **What They Are Thinking?** Marketing Lessons You Can Learn from Products That Flopped. New York: Three Rivers Press, 1998.

MEIO & MENSAGEM. Disponível em: <http://www.mmonline.com.br>. Acesso em: 5 jul. 2012.

MENDES, V. de S. **Estratégias de marketing na gestão de serviços**: a busca pela satisfação dos clientes. Disponível em: <http://www.administradores.com.br/informe-se/producao-academica/estrategias-de-marketing-na-gestao-de-servicos-a-busca-pela-satisfacao-dos-clientes/1109/download>. Acesso em: 30 ago. 2010.

MIDIAARTE – Design & Comunicação. **Estratégia de marca**. Disponível em: <http://www.midiaarte.com.br/blog/servicos/marca>. Acesso em: 30 set. 2011.

MOFFAT, L.; GERWIN, D.; MEISTER, D. **Implementing a Product Development Joint Venture**. Working Paper. Ottawa: Carleton University School of Business, 1997.

MOORE, G. A. **Crossing the Chasm**: Marketing and Selling High-Tech Products to Mainstream Customers. New York: HarperBusiness Essentials, 2002.

_____. **Inside the Tornado**: Marketing Strategies from Silicon Valley's Cutting Edge. New York: HarperPerennial, 1999.

NASCIMENTO, C. C. **Design estratégico**. Disponível em: <http://www.unifra.br/pos/gestaoprodutos/downloads/Apresenta%C3%A7%C3%A3o_stamaria1.pdf>. Acesso em: 30 set. 2011.

NETO, G. **22 mil produtos são lançados por mês, mas 80% fracassam**. 13 maio 2008. Disponível em: <http://www.mundodomarketing.com.br/reportagens/planejamento estrategico/4292/22-mil-produtos-sao-lancados-por-mes-mas-80-fracassam.html>. Acesso em: 4 set. 2012.

O MELHOR DO MARKETING. **A web no processo de compra do novo consumidor**. Disponível em: <http://www.omelhordomarketing.com.br/a-web-no-processo-de-compra-do-novo-consumidor-2>. Acesso em: 8 fev. 2012a.

_____. **O brasileiro é fiel às marcas?** Disponível em: <http://www.omelhordomarketing.com.br/o-brasileiro-e-fiel-as-marcas>. Acesso em: 21 jun. 2012b.

OCDE – Organização para Cooperação e Desenvolvimento Econômico. **Manual de Oslo**: diretrizes para coleta e interpretação de dados sobre inovação. Disponível em: <http://biblioteca.terraforum.com.br/Biblioteca Artigo/Manual%20de%20Oslo%20Areas%20de%20inova%C3%A7%C3%A3o%20-%20DEFINI%C3%87%C3%95ES%20DADOS%20PESQUISA.pdf>. Acesso em: 8 fev. 2012.

_____. **Manual Frascati**. Paris: OCDE, 1993.

OLIVEIRA, D.; BARIFOUSE, R. As inovadoras: Whirlpool. **Época Negócios**, n. 43, set. 2010. Disponível em: <http://epocanegocios.globo.com/RevistaCommon/0,,ERT169221-16380,00.html>. Acesso em: 21 jun. 2012.

ORESKOVIC, A. Exclusive: YouTube Hits 4 Billion Daily Video Views. **Thomson Reuters**, 23 jan. 2012. Disponível em: <http://www.reuters.com/article/2012/01/23/us-google-youtube-idUSTRE80M0TS20120123>. Acesso em: 5 jul. 2012.

PDMA – Product Development and Management Association. Disponível em: <http://www.pdma.org>. Acesso em: 8 fev. 2012.

PHOZS! **Resumindo, o que é branding?** Disponível em: <http://phozs.com.br/blog/index.php/2011/02/23/17/>. Acesso em: 8 fev. 2012.

PLASTRELA. **Embalagem como ferramenta de marketing**. Disponível em: <http://www.plastrela.com.br/site/institucional/dicas>. Acesso em: 30 set. 2011.

POLIGMANO, L. A.; DRUMOND, F. B. O papel de pesquisa de mercado durante o desenvolvimento de novos produtos. In: CONGRESSO BRASILEIRO DE GESTÃO DE DESENVOLVIMENTO DE PRODUTOS, 3., 2001. Florianópolis. **Anais**... Florianópolis: UFSC, 2001. Disponível em: <http://www.rafael.pro.br/pesquisa%20de%20mercado.pdf>. Acesso em: 8 fev. 2012.

PORTAL EDUCAÇÃO. **Apenas 7% das empresas consideram redes sociais como imprescindíveis**. 4 jan. 2012. Disponível em: <http://www.portaleducacao.com.br/educacao/noticias/46884/apenas-7-das-empresas-consideram-redes-sociais-como-imprescindiveis/?utm_source=twitter&utm_medium=noticias&utm_content=8020&utm_campaign=twitter>. Acesso em: 2 jul. 2012.

REVISTA VEJA. **O sucesso meteórico da internet**. 29 jul. 1998.

RIES, A.; TROUT, J. **Posicionamento**: a batalha por sua mente. Nova Iorque: McGraw-Hill, 2001.

ROGERS, E. M. **Diffusions of Innovations**. New York: The Free Press, 1995.

ROOZENBURG, N. F. M.; EEKELS, J. **Product Design**: Fundamentals and Methods. Inglaterra: John Wiley & Sons, 1996.

ROZENFELD, H. et al. **Gestão de desenvolvimento de produtos**: uma referência para a melhoria do processo. São Paulo: Saraiva, 2006.

SANDE, A. V. de. **Computer for Monks**: Final Project About Usability for Esdi Design University. Disponível em: <http://wanderingabout.com/computersformonks/2006/08/23/crossing-thechasm/lang-pref/pt>. Acesso em: 30 ago. 2010.

SAWHNEY, M.; WOLCOTT, R. C.; ARRONIZ, I. The 12 Different Ways for Companies to Innovate. **MIT Sloan Management Review**, v. 47, n. 3, Apr. 2006.

SERRANO, D. P. A matriz BCG. **Portal do Marketing**, 13 dez. 2006. Disponível em: <http://www.portaldomarketing.com.br/Artigos/MatrizBCG.htm>. Acesso em: 21 jun. 2012.

SILVEIRA, A. L. C. Stage-GateTM, aumente as chances de sucesso de seus produtos: a importância da aplicação de um processo de desenvolvimento de produtos. **Expleo**, Porto Alegre, jun. 2006. Disponível em: <http://www.expleo.com.br/pdf/stage-gate.pdf>. Acesso em; 20 set. 2012.

SIMON, C. Bancos lideram ranking das marcas mais valiosas do Brasil. **Exame.com**, 9 jun. 2011. Disponível em: <http://exame.abril.com.br/marketing/noticias/bancos-lideram-ranking-das-marcas-mais-valiosas-do-brasil>. Acesso em: 21 jun. 2012.

SLACK, N. et al. **Administração da produção**. São Paulo: Atlas, 1998.

THOMPSON, D. **O tubarão de 12 milhões de dólares**. São Paulo: Beĩ Editora, 2012.

WHIRLPOOL CORPORATION. Disponível em: <http://www.whirlpoolcorp.com>. Acesso em: 28 jun. 2012.

WHIRLPOOL LATIN AMERICA. **Relatório de sustentabilidade Whirlpool Latin America 2009**. 2009. Disponível em: <http://www.relatorioweb.com.br/whirlpool/pt-br/node/32>. Acesso em: 28 jun. 2012.

WOLPAC. Novos projetos valorizam os padrões de sustentabilidade. **Wolpac News**. Disponível em: <http://www.wolpac.com/newsDesc.php?cod=256&mes=3&campo&pagina=7>. Acesso em: 21 jun. 2012.

YOSHIDA, S. O futuro do luxo no Brasil está no crescimento da classe C. **Época Negócios**, 8 ago. 2011. Disponível em: <http://epocanegocios.globo.com/Revista/Common/0,,EMI244135-18055,00-O+FUTURO+DO+LUXO+NO+BRASIL+ESTA+NO+CRESCIMENTO+DA+CLASSE+C.html>. Acesso em: 12 fev. 2012.

YOSHIMURA, M.; KONDO, H. Concurrent Product Design Based on Simutaneous Processing of Design and Manufacturing Information by Utility Analysis. **Japan Society of Mechanical Engineers**, Tokio, n. 4, p. 67-74, Apr. 1995.

Segunda parte

Métricas de marketing

Elaine Cristina Arantes

Sobre a autora

Elaine Cristina Arantes é graduada em Administração pela FAE Business School (Faculdade de Administração e Economia) e mestre em Administração pela Pontifícia Universidade Católica do Paraná (PUCPR), onde desenvolveu uma pesquisa que relaciona o investimento em responsabilidade social e o retorno para as empresas. Trabalhou em empresas como Whirlpool, O Boticário, Herbarium Laboratório Botânico e Serrana Mineração. Foi finalista do prêmio Ethos Valor de Responsabilidade Social (2002) ao relacionar a decisão de compra do consumidor e o investimento em responsabilidade social feito pelas empresas. Além disso, integrou o grupo brasileiro liderado pelo Instituto Ethos de Responsabilidade Social, voltado para as discussões sobre a redação e o lançamento da ISO 26000. Lecionou em cursos de graduação e pós-graduação, nas modalidades presencial e a distância, de instituições como Isae/FGV, Grupo Uninter e Eadon (em parceria com o Instituto Chiavenato).

Introdução

Na primeira parte desta obra, você conheceu os conceitos voltados para o desenvolvimento de novos produtos mediante a adição de valor para a marca, o que, por sua vez, provoca incremento nas vendas e, portanto, na rentabilidade. Diante disso, a questão que colocamos nesta segunda parte é a seguinte: **Como mensurar o retorno do que foi realizado no desenvolvimento, no lançamento e na promoção de produtos e serviços?**

Ao ler esta parte do livro, saiba que não esperamos que você detenha todo o conhecimento sobre as métricas de marketing. O que desejamos é que você seja capaz de **definir investimentos** com mais propriedade, conhecendo as possibilidades de retorno que pode ter a partir dos movimentos do mercado e, com isso, tomar as melhores decisões.

Os profissionais de marketing buscam os melhores resultados para a criação de valor durante o processo de troca realizado entre as empresas produtoras de bens e fornecedoras de serviços e seus clientes. Esta obra aborda justamente a **mensuração dos resultados** referentes à utilização das **ferramentas estratégicas de marketing** e proporciona o conhecimento necessário sobre as **métricas** disponíveis.

Nesse contexto, é válido mencionar que as métricas de marketing se relacionam entre si e envolvem os esforços feitos pela empresa para conquistar o coração dos clientes e, consequentemente, ocupar mercados. Esse conceito está representado na Figura A e será desenvolvido ao longo da obra.

Figura A – Métricas de marketing: o marketing no centro da organização

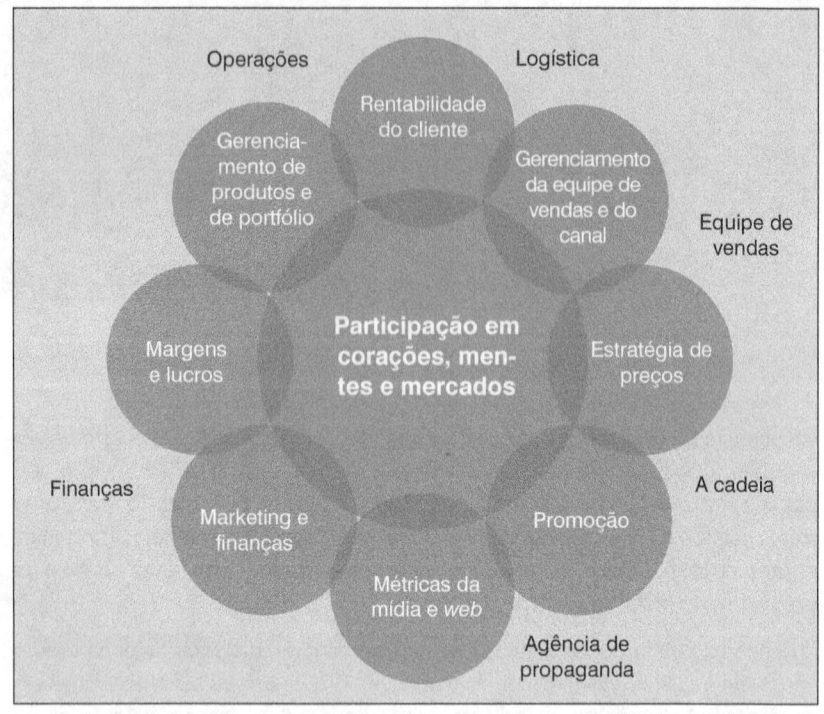

- Operações
- Logística
- Rentabilidade do cliente
- Gerenciamento de produtos e de portfólio
- Gerenciamento da equipe de vendas e do canal
- Equipe de vendas
- Margens e lucros
- **Participação em corações, mentes e mercados**
- Estratégia de preços
- Finanças
- A cadeia
- Marketing e finanças
- Promoção
- Métricas da mídia e *web*
- Agência de propaganda

Fonte: Farris et al., 2007, p. 19.

No primeiro capítulo, "Conceitos financeiros e métricas aplicados no processo de marketing", apresentamos conceitos fundamentais relativos às **métricas adotadas pelo marketing**, bem como analisaremos os **aspectos econômicos** que fazem parte desse processo.

No segundo capítulo, "Importância de focar o cliente", abordaremos a relevância do **foco constante no cliente**, destacando que é preciso conhecer os que são mais valiosos para a empresa. Nesse sentido, discutiremos também o problema da perda de clientes.

No terceiro capítulo, "*Customer Relationship Management* (CRM) e o uso de incentivos para estimular e aumentar as vendas", trataremos dessa ferramenta, que, em português, traduz-se por "gestão do relacionamento com o cliente". Veremos a importância da **segmentação do público-alvo** e saberemos quanto custa para a organização conquistar um novo cliente considerando-se o investimento na manutenção dos clientes que são fiéis à marca.

No quarto capítulo, "As principais métricas de marketing: participação em corações, mentes e mercados", examinaremos as métricas de marketing aplicadas na **participação da marca no coração dos clientes**, ou seja, em suas mentes, e no mercado.

No quinto capítulo, "Rentabilidade do cliente", faremos uma relação entre as **métricas de marketing** e a **área de finanças**.

Por fim, no sexto capítulo, "As principais métricas de marketing: produto, preço, promoção e praça", retomaremos o conceito do **composto de marketing** (produto, preço, praça e promoção) para associá-lo à aplicação das métricas.

1

Conceitos financeiros e métricas aplicados no processo de marketing

No ambiente altamente competitivo em que as empresas atuam, busca-se, cada vez mais, o melhor retorno diante do investimento realizado em todos os processos. As decisões tomadas no nível estratégico das organizações, que são desdobradas pelos planos de ação elaborados pelo nível tático ou pela média gerência, são colocadas em prática pelo nível operacional, que é encarregado também do monitoramento e correção das ações desenvolvidas na organização. Faz-se necessário, então, um conjunto de referências que propiciem aos gestores a quantificação dos resultados desejados em comparação com os resultados obtidos, justamente para que ações corretivas possam ser implantadas. Este primeiro capítulo irá esclarecer conceitos fundamentais para a compreensão da importância da mensuração de resultados e seu papel na implementação dos planos de ação organizacionais, que buscam a concretização dos objetivos estratégicos definidos pela alta direção da empresa.

1.1

O que são e para que servem as métricas de marketing?

Farris et al. (2007, p. 17) definem *métrica* como "um sistema de mensuração que quantifica uma tendência, uma dinâmica ou uma característica". Para os autores, em termos científicos, as métricas favorecem a objetividade da análise e da tomada de decisão, facilitando a compreensão e a participação das pessoas envolvidas no processo.

Rosenwald (2005) aponta para a importância da mensuração das ações de marketing quando lembra que novos parâmetros estão sendo adotados pelas empresas no sentido de medir os resultados alcançados com os esforços de marketing. Os dados referentes a essa mensuração servem como base de comparação a fim de melhorar o desempenho da organização.

Métricas são necessárias, de acordo com Farris et al. (2007), para tornar satisfatório o conhecimento sobre algo e avançar para o estágio da ciência. Os autores lembram que é vital para o sucesso em marketing a **habilidade de se lidar com números**. Ao desenvolver essa característica, o profissional da área de marketing aprimora também sua intuição e começa a perceber que precisa ir mais fundo nos cálculos e em suas análises.

Para Rosenwald (2005), a tecnologia da informação (TI) tem sido fundamental no processo de relacionamento das empresas com seus clientes, já que as ferramentas referentes a essa área possibilitam a eles o acesso ao conhecimento. Diante disso, vale ressaltar que as informações que são utilizadas adequadamente maximizam os investimentos feitos na área de marketing.

Também precisam ser conhecidos pelos profissionais de marketing os **mercados pretendidos** pela organização. Novas oportunidades não podem ser aproveitadas por uma empresa somente com base na percepção dos profissionais de marketing, muito pelo contrário: Farris et al. (2007, p. 16) reforçam a importância de se quantificar a representatividade desse novo mercado para a organização. Os autores afirmam o seguinte: "os administradores devem selecionar, calcular e explicar as principais métricas empresariais. Devem compreender como cada uma é construída e como utilizá-la na tomada de decisão".

Nesse sentido, Rosenwald (2005) reforça que as métricas de marketing oferecem **suporte** ao gestor para que este possa **planejar** e **avaliar** determinadas ações, visando à maximização dos resultados do negócio.

1.2

Custo permissível por pedido (CPPP)

Considerando-se o que foi mencionado até agora, é possível que você faça a seguinte pergunta: **como uma empresa pode determinar o quanto investir nas ações de marketing antes mesmo de pensar**

em mensurar os resultados? Observe que existe um cálculo baseado na receita que a organização deseja obter a partir das vendas que realiza. O custo permissível por pedido (CPPP) relaciona-se, em termos simples, com quanto a empresa pode gastar para conquistar o pedido de seu cliente.

Veja, a seguir, o modelo sugerido por Rosenwald (2005):

> CPPP = receita total (unidades vendidas X preço de cada unidade) − todas as despesas, incluindo lucro e/ou margem de contribuição (custos de produção e distribuição do produto).

Assim, podemos dizer que a empresa espera ter um custo real por pedido **menor** que o CPPP. Assim, ela terá investido menos que o previsto, e sua margem de lucro será mais interessante.

Rosenwald (2005) ensina que o conceito de CPPP se comporta de maneira diferente nas **ações de marketing**, como em propagandas institucionais e em promoção de vendas.

- **Propaganda institucional**: A empresa investe para conhecer o interesse específico do cliente sobre a marca, mas somente pode aplicar o CPPP se houver um banco de dados que permita conhecer o perfil dos clientes, identificando os consumidores potenciais. Empresas que fazem propaganda institucional desejam ter uma **visão geral do mercado**.
- **Promoção de vendas**: Também nessa ação o banco de dados é importante para determinar o quanto investir em cada cliente já conquistado, a fim de que ele se dirija ao ponto de venda e efetive a compra.

Observe que a empresa precisa fazer o planejamento econômico de marketing com base em **informações** referentes a seus clientes. Esses dados podem proporcionar o conhecimento sobre a expectativa das compras que os clientes vão efetuar e determinar quanto é preciso investir para atrair esses clientes para os pontos de venda. Assim, a empresa pode decidir antecipadamente se fará ou não o investimento promocional.

Conforme ensina Rosenwald (2005), o custo por pedido (CPP) é o resultado de uma equação que divide aquilo que a empresa entende que deve gastar com a promoção do produto ou serviço pelos clientes que conquistou ou, então, pelas vendas que efetuou. Atentemos para a seguinte fórmula:

$$CPP = \frac{\text{Gasto efetivo ou planejado em ações de marketing}}{\text{Número de vendas ou clientes que a empresa tem ou espera ter}}$$

O mesmo autor lembra que é importante a influência que diferentes CPPs têm sobre o **lucro** de uma empresa, o que reforça a necessidade de se fazer esse cálculo antes da tomada de decisão sobre investimentos em ações de marketing.

1.3
Direcionar promoções de vendas

Comecemos a falar sobre essa questão relembrando a diferença entre o **marketing de massa**, dirigido à população em geral, e o **marketing direto**, concebido pela empresa diretamente para seus clientes. Veja a seguinte situação: Se você acaba de adquirir uma câmera digital, é provável que compre acessórios para utilizá-la, certo? Considerando isso, como saber quem comprou câmeras digitais recentemente? Nesse momento, entra em cena o **banco de dados**, cujas informações são atualizadas por parceiros confiáveis que comercializam produtos ou serviços complementares. Dessa forma, o direcionamento das promoções de vendas fica muito menos dispendioso para a empresa fornecedora de acessórios.

Da mesma maneira funcionam as agências de turismo, por exemplo. Elas vendem não somente o deslocamento do cliente ao local de destino, mas também a hospedagem desse cliente, bem como restaurantes conveniados, passeios etc.

Além disso, com um **banco de dados atualizado**, a empresa obtém informações acerca do **nível de satisfação de seus clientes**, o que facilita a promoção de vendas. Imagine oferecer um novo pacote turístico para um cliente que fez sérias reclamações sobre a viagem anterior! Seria perda de tempo e desperdício de investimento destinar ações de marketing a esse cliente.

É importante mencionar que vender para clientes conhecidos é menos dispendioso que vender para estranhos. No Capítulo 3 desta segunda parte do livro, traremos detalhes sobre o *Customer Relationship Management* (CRM), e você certamente se lembrará dos exemplos deste capítulo. Além disso, você compreenderá como fazer para conhecer cada vez mais e melhor os clientes de uma empresa.

Segundo Rosenwald (2005), são dois os fatores que determinam a avaliação do investimento permissível para uma ação de promoção de vendas: a **conquista prévia do cliente** e a **busca por novos clientes potenciais**, que ainda não fazem parte do banco de dados da empresa.

1.4

Onde começar a medir

Independentemente de o produto ser tangível, como uma roupa, ou intangível, como o conserto de um automóvel, uma viagem de férias ou determinadas contribuições para uma instituição que defenda uma causa ambiental, a organização fornecedora precisa saber o quanto pode investir para atrair o cliente. Vale lembrar que, antes de se tornar cliente, o indivíduo pode ser um *prospect*, ou seja, alguém que é um potencial comprador do produto ou serviço da organização. Esse *prospect* torna-se cliente só depois que a compra é efetivada.

O ideal para uma organização é, segundo Rosenwald (2005), transformar *prospects* em clientes investindo menos que o custo permissível. Nesse contexto, determinar o CPPP é o primeiro passo para que o marketing se torne mais mensurável. Dessa forma, o objetivo central é, conforme Rosenwald (2005), transformar esse *prospect* em cliente e conquistar sua lealdade. Vale ressaltar que, para esse autor, é importante determinar o **quanto se pode investir** em esforços de marketing para atingir o objetivo mencionado.

1.5

Minimizando perdas

Um banco de dados que identifica adequadamente os clientes de uma organização pode oferecer suporte para ações de relacionamento com o cliente, garantindo que as perdas de investimentos sejam **minimizadas**.

Imagine o seguinte: Entre todas as mulheres que assistem à televisão de manhã, qual é o percentual das que se interessam pela compra de fraldas descartáveis? Qual é o percentual das mulheres que apresentam esse interesse durante a tarde e a noite? Com uma informação simples como essa, o anunciante do produto decide em qual horário irá veicular um comercial. Ele pode até mesmo concluir que as mulheres que se interessam por fraldas descartáveis não têm tempo para assistir à televisão e que, portanto, seria um desperdício investir na veiculação de comerciais nesse meio de comunicação. Isso porque é possível que essas mulheres acessem mais a internet para buscar informações. Se essa última possibilidade for verdade, é muito mais vantajoso fazer inserções em determinados *websites*.

Diante dessas informações, observe como é limitado o espaço de ação para as ferramentas de marketing, reduzindo-se as perdas. Resta saber, então, quantas mulheres acessam determinados *sites* e com que frequência o fazem. Vale destacar que esses dados são mensurados por meio de pesquisas de mercado contratadas pelas empresas. O que o gestor de marketing precisa saber antes de contratar esses serviços é quais informações ele deve buscar. Assim, ele pode orientar a aplicação das pesquisas a fim de obter a maior quantidade de informações de qualidade para oferecer suporte à sua tomada de decisão.

Imagine a seguinte situação: uma empresa de cartões de crédito decide fazer uma promoção voltada a 100% de sua carteira de clientes dos últimos cinco anos. É necessário cogitar que tanto os melhores quanto os piores clientes que a organização teve nesse período podem participar da promoção. Diante disso, perceba o risco que a empresa corre ao optar pelo marketing de massa, atingido todos os clientes em vez de selecionar aqueles que podem ser considerados mais interessantes em termos de retorno financeiro.

Evitar investimentos com baixo retorno ou, pior do que isso, com alto índice de desperdício é importante, segundo Rosenwald (2005), tanto para a obtenção de lucro quanto para o aumento da receita. **Testes prévios** são significativos nesse processo de conhecimento do público-alvo.

Estudo de caso

Venda por assinatura – revista *Veja*

Em 1970, a revista *Veja* iniciou a venda de exemplares. Segundo Roberto Civita, editor da revista e presidente do Conselho de Administração da Abril Educação, na época, a única preocupação dos gestores da Editora Abril era saber se conseguiriam obter os cinquenta mil assinantes que a empresa precisava para tornar viável a nova revista.

Vale mencionar que, na década de 1970, não se pensava em medir investimentos e em comparar essa medição com os retornos esperados pela empresa. No período, nem se conheciam os *prospects*. **O único objetivo era conquistar o maior número possível de clientes o mais rapidamente possível.**

Em 2005, a Editora Abril tinha cerca de 4 milhões de assinantes para todas as revistas que editava e comercializava em todo o Brasil. Aos poucos, o grupo foi se interessando pela mensuração das ações de marketing que fazia. Dessa maneira, novos questionamentos passaram a fazer parte do dia a dia dos gestores da organização. Entre as questões consideradas, estavam: quanto investir na conquista de um novo assinante, como conquistar a fidelidade deste e como vender a ele outras publicações da Editora Abril.

A organização aprendeu que todos os clientes são importantes, mas alguns, de fato, são mais relevantes. Sendo assim, a decisão a ser tomada gira em torno de como recompensar o grupo de clientes mais importantes para que eles continuem consumindo os produtos da empresa.

Para Roberto Civita, "talento, sensibilidade e criatividade serão sempre fundamentais para o sucesso de marketing", mas, vale dizer, é preciso reconhecer que "os cálculos são tão importantes nessa atividade como em qualquer outra área de negócios".

Fonte: Rosenwald, 2005, grifo nosso.

Para refletir

SEBRAE – Serviço Brasileiro de Apoio às Micro e Pequenas Empresas. **Métricas do marketing**: o que devemos medir no marketing para identificarmos se estamos no caminho certo? Disponível em: <http://mundosebrae.com.br/2010/05/metricas-do-marketing>. Acesso em: 24 out. 2010.

O artigo aborda o fato de o marketing ser constantemente criticado por apresentar resultados subjetivos e difíceis de serem medidos e analisados. Depois da leitura, comente com seus colegas os principais pontos que envolvem a definição dos investimentos de marketing, que são apresentados no texto.

Comentários finais

Neste capítulo, discutimos a definição de Farris et al. (2007, p. 17) para *métrica*: "um sistema de mensuração que quantifica uma tendência, uma dinâmica ou uma característica". Os referidos autores reforçam que as métricas são necessárias para tornar satisfatório o conhecimento sobre algo e privilegiar o avanço da ciência. Nesse contexto, também precisam ser conhecidos e quantificados pelos profissionais de marketing os mercados pretendidos pela organização.

O custo permissível por pedido (CPPP) relaciona-se, em termos simples, com quanto a empresa pode gastar para conquistar o pedido de seu cliente. Segundo Rosenwald (2005), o CPPP define a receita total (unidades vendidas X preço de cada unidade) menos todas as despesas de uma organização, incluindo o lucro e/ou a margem de contribuição (custos de produção e distribuição do produto).

O custo por pedido (CPP), por sua vez, é o custo por pedido, ou seja, "a quantia que a empresa gastou ou planeja gastar em promoção dividida pelo número de vendas ou clientes que conseguiu ou espera conseguir" (Rosenwald, 2005).

Perdas no investimento em marketing podem ser minimizadas por meio de pesquisas de mercado realizadas por institutos confiáveis, que descrevam o perfil do cliente. Dessa maneira, as ações de marketing poderão ser direcionadas ao público-alvo nos momentos em que, de fato, elas acessem os veículos de comunicação de preferência desses consumidores.

2

A importância de focar o cliente

Cada cliente é único. *Média*, para Rosenwald (2005, p. 32), é a palavra mais perigosa no marketing, já que as empresas buscam "lidar com cada cliente em sua condição de indivíduo único". Para conhecer melhor esses clientes, realiza-se um trabalho de segmentação deles em grupos.

Considerando isso, as questões que colocamos são as seguintes: **Quanto devemos investir em marketing levando em conta grupos diferentes de clientes? De que maneira podemos mensurar os resultados obtidos a fim de intensificar ou realocar recursos?**

A resposta a esses dois questionamentos é bastante necessária, visto que Rosenwald (2005) considera que é preciso que os profissionais de marketing sejam capazes de avaliar o investimento a ser feito em **atividades de promoção** de seus produtos ou serviços. Além disso, eles devem direcionar esse investimento para o público-alvo, atendendo às expectativas e necessidades deste.

Neste capítulo, iremos verificar como lidar com os diferentes grupos de clientes, de que maneira organizar um banco de dados, compreendendo o conceito de *domicílio*, e como fazer o cálculo da rentabilidade do cliente.

2.1

Alguns clientes são mais valiosos que outros

Você já observou que, em alguns pontos de venda, há um espaço físico para que os clientes sentem, descansem e assistam à televisão? Há locais que englobam até mesmo espaços de diversão para os filhos de clientes. Nesse contexto, há uma novidade interessante: concessionárias de veículos estão fazendo parcerias com salões de beleza e livrarias para oferecer aos clientes e seus acompanhantes uma maneira de fazer com que eles ocupem bem o tempo de espera. Em Joinville (SC), uma academia de ginástica oferece às clientes um espaço para que os filhos destas possam brincar sob os cuidados de profissionais preparados. Assim, as mulheres sentem-se à vontade para usufruir dos serviços do estabelecimento, pois sabem que seus filhos estão por perto e seguros. Diante disso, é desnecessário dizer o quanto ações como essas influenciam na tomada de decisão por parte do consumidor, não é mesmo?

Contudo, é importante verificar quanto custaria disponibilizar um espaço de venda para entretenimento. Nesse sentido, a atitude menos recomendada para o profissional de marketing é tomar decisões considerando a **média dos clientes**. Como já dissemos anteriormente, *média* é uma palavra perigosa em marketing!

Além disso, a venda de produtos em pequenas quantidades no mercado, ou seja, o varejo, sempre procura priorizar o metro quadrado para a exposição dos produtos e para a promoção dos serviços. Tendo em conta essa tendência, Rosenwald (2005) reforça a importância de se atentar para o **valor individual** de determinados clientes. Por eles, vale a pena investir em espaços físicos que os agradem. Mas como saber quais clientes são mais valiosos para a organização? Quais contribuem efetivamente para o lucro do negócio?

Vamos analisar o Programa TAM Fidelidade. A companhia aérea disponibiliza salas VIPs em diversos aeroportos ao redor do mundo para os clientes que possuem cartão vermelho. São incluídos nessa categoria aqueles passageiros que utilizam os serviços com uma periodicidade predeterminada pela empresa. A TAM costuma buscar, em seu banco de dados, os clientes que viajam com frequência suficiente para proporcionar ao negócio o **lucro desejado**. No caso desses clientes, vale a pena, portanto, o investimento em espaços caros nos aeroportos, além de atendentes exclusivos no *check-in* e de brindes.

Na Tabela 1.1, Rosenwald (2005) apresenta o cálculo do **valor de venda** no varejo e do **valor do cliente**. Observe, considerando o exemplo anterior, que nem todos os metros quadrados adquirem o mesmo valor. Da mesma maneira, nem todos os clientes têm o mesmo valor para a organização.

Além disso, considere o seguinte exemplo: imagine uma loja de 10 mil m² que vende R$ 70 milhões, ou seja, R$ 7 mil por metro quadrado. Ao aplicar a Lei de Pareto 80/20, você concluirá que os 20% de metros quadrados mais valiosos (2 mil m²) produzem uma receita de R$ 28 mil por metro em comparação aos 80% de metros quadrados (8 mil m²) que produzem uma receita de R$ 1.750 por metro. Ao aplicar esse mesmo princípio aos 35 mil clientes da loja, observe que 7 mil deles (20%) proporcionam ao negócio uma receita de R$ 56 milhões – ou R$ 8 mil por cliente. Os outros 80% são responsáveis por uma receita de apenas R$ 500 por cliente.

Qual é a análise que o profissional de marketing deve fazer? Se a empresa quer utilizar 1.000 m² de baixo valor para aumentar as vendas para os 7 mil melhores clientes (aqueles 20% que contribuem com a maior parcela do lucro), esses clientes teriam de aumentar o valor de suas compras em 3,13% para justificar o investimento a ser feito numa operação.

Tabela 2.1 – Cálculo do valor de venda no varejo e do valor do cliente

Item	Valor	Comentário
Área do local	10.000 m² de varejo	
Receita total da loja	R$ 70.000.000,00	
Receita média por m²	R$ 7.000,00	Divisão da receita total da loja pelo número total de metros quadrados
Valor médio dos melhores metros quadrados (que produzem a maior receita por m²)	R$ 28.000,00	Aplicação da regra 80/20 (Lei de Pareto) ao valor médio por m²
Valor médio dos demais metros quadrados (que produzem a menor receita)	R$ 1.750,00	Aplicação da regra 80/20 (Lei de Pareto) ao valor médio por m²
Número de clientes	35.000	
Valor médio por cliente	R$ 2.000,00	Divisão da receita total da loja pelo número total de clientes
Valor médio dos melhores clientes representando 80% das vendas	R$ 8.000,00	Aplicação da regra 80/20 (Lei de Pareto) ao valor médio por cliente
Valor médio dos demais clientes, representando 20% das vendas	R$ 500,00	Aplicação da regra 80/20 (Lei de Pareto) ao valor médio por cliente
Número de metros quadrados para o "clube" proposto	1.000	Obviamente, o "clube" para os melhores 20% dos clientes seria localizado no espaço em que a receita por metro quadrado fosse historicamente baixa, e não no espaço que oferece mais retorno
Perda de receita como resultado da conversão do espaço que não produz receita	R$ 1.750,00	Cálculo feito multiplicando-se o número de metros quadrados para o "clube" pelo valor médio dos metros quadrados com receita baixa
Aumento de receita entre os melhores clientes para recuperar a perda de receita associada ao espaço de venda	2,5	Cálculo obtido dividindo-se a perda de receita pelos melhores clientes (20%)
Aumento percentual da receita necessária para justificar o "clube"	3,13%	Cálculo do aumento da porcentagem da receita obtida com os melhores clientes

Fonte: Rosenwald, 2005, p. 83.

Atentemos para o seguinte: os números são importantes, pois orientam o raciocínio sobre valores para **determinar o investimento**. Contudo, mais importante ainda é o princípio que conduz esse raciocínio. É fundamental compreendermos que os clientes não são iguais. Alguns (como diz George Orwel em *A revolução dos bichos*) são mais valiosos e importantes que outros. Assim, a atenção do profissional de marketing deve estar voltada para essa última categoria de clientes. Entretanto, isso só acontecerá se o profissional conhecer os seus clientes suficientemente para poder investir em operações que, de fato, atraiam os clientes mais valiosos para os pontos de venda da organização.

2.2

Banco de dados: mais do que uma lista de nomes

Uma dúvida que as empresas têm reside na escolha entre utilizar os dados disponíveis no mercado ou investir na realização de uma pesquisa específica. Segundo Rosenwald (2005), geralmente as organizações optam pelas duas alternativas. Evidentemente, se uma empresa investe numa promoção, por meio de eventos, sorteios ou outras ferramentas, ela deve constituir um banco de dados com os *prospects* que participarem dessa promoção. Nesse sentido, as informações requeridas desses *prospects* devem oferecer subsídios para a tomada de decisão da empresa. Caso contrário, qual seria o objetivo de pedir que eles preencham cupons para participarem de sorteios? O custo para a realização dessas ações, segundo Rosenwald (2005), costuma ser coberto pelo custo permissível por pedido (CPPP). No entanto, vale ressaltar que, para isso, a empresa deve ter feito cálculos de maneira **prévia**.

Da mesma forma, o custo de obtenção de dados provenientes de listas comercializadas por outras empresas também deve ser considerado. Frequentemente, essas organizações só permitem acesso a uma quantidade restrita de informações, que nem sempre atendem às expectativas de quem as adquire. Além disso, paga-se pelo nível de detalhamento das informações desejadas. Por isso, para obter um conjunto satisfatório de informações sobre seus *prospects*, a empresa corre o risco de investir mais do que se organizasse promoções para atrair potenciais clientes. Questões como essa precisam ser consideradas antes da decisão pela compra de informações disponíveis no mercado.

Antes da realização de promoções para se obterem informações sobre os clientes, é interessante observar o resumo feito por Rosenwald (2005), que é apresentado no Quadro 2.1. Nele, você pode verificar que há quatro tipos de dados relevantes que precisam ser obtidos:

1. dados para contato;
2. dados demográficos;
3. dados psicográficos e de estilo de vida;
4. dados de transações.

Quadro 2.1 – Dados sobre necessidades e desejos

Característica dos dados	Essencial	Desejável	Comentário
Dados para contato			
Nome	Sim		
Endereço	Sim		Os dados para contato regulam todas as comunicações, remessas etc. Eles devem ser **precisos** e **atualizados**. O usuário também precisa ter permissão limitada ou ilimitada da pessoa em questão para "fazer" contato.
Telefone		Sim	
E-mail		Sim	
Permissão	Sim		
Dados demográficos			
Valor econômico		Sim	
Idade		Sim	Os dados demográficos, embora extremamente valiosos, não são essenciais. O valor econômico, por exemplo, pode ser obtido por meio do endereço. A idade, obtida mediante a data de nascimento do chefe do domicílio e dos membros da família, é útil especialmente para a elaboração de promoções.
Estado civil		Sim	
Nome e data de nascimento do cônjuge		Sim	
Filhos (nomes e idades)		Sim	

(continua)

(Quadro 2.1 – conclusão)

Característica dos dados	Essencial	Desejável	Comentário
Dados psicográficos e de estilo de vida			
Comprador "direto" anterior			Os dados psicográficos e de estilo de vida, incluindo a propriedade da residência e do carro, privilegiam um contexto para a atividade promocional, bem como para oportunidades específicas, podendo também ser usados para que outros dados sejam inferidos. As compras anteriores pelo marketing direto indicam a disposição para compras a distância; as preferências de mídia permitem um direcionamento mais preciso; as preferências de pagamento indicam a perspectiva econômica e o crédito; e, por fim, a propriedade de produtos relevantes e as preferências de lazer indicam o estilo de vida e categorias semelhantes de compras.
Residência própria ou alugada			
Carro (marca e ano)			
Preferências de mídia			
Preferências de pagamento (cartão, cheque, dinheiro etc.)			
Propriedade de produtos relevantes			
Preferências de lazer			
Dados de transações			
Fonte e data da primeira transação			Os dados de transações a respeito dos clientes atuais são de grande importância. Eles permitem avaliar os componentes econômicos críticos resultantes da interação com os clientes e acumulam dados valiosos que irão impulsionar todas as iniciativas promocionais futuras.
Data da última transação			
Frequência das transações			
Valor das transações			
Forma do pedido (por telefone, *e-mail* etc.)			
Modalidade de pagamento			
Incentivos aceitos			
Queixas			

Fonte: Rosenwald, 2005, p. 92.

Observe que Rosenwald (2005) enfatiza a necessidade de se organizar um **banco de dados** para que o profissional de marketing tenha informações suficientes para conhecer seus clientes no sentido de estabelecer com eles um relacionamento duradouro. Dessa maneira, a questão mais importante do gerenciamento do banco de dados não é inserir todas as informações disponíveis sobre os clientes, mas apenas aquelas que permitam conhecê-los.

Ao decidirem pela criação de um banco de dados, as empresas costumam, segundo Rosenwald (2005), inserir todos os dados disponíveis e se deparam rapidamente com um grande problema: **o gerenciamento dessa grande quantidade de dados**. É em virtude disso que o banco de dados começa a se tornar oneroso para a empresa.

2.3

Clientes mais prováveis são melhores e menos caros

Você já se perguntou qual é o melhor cliente para uma empresa? É aquele que compra mais ou o que compra sempre? Para Rosenwald (2005), as empresas acreditam que os melhores potenciais clientes são aqueles que **compraram recentemente**. Já o segundo melhor *prospect* é aquele que comprou algumas vezes no passado. Em seguida, está o cliente que comprou volumes grandes em dinheiro (valor monetário). O autor denomina essas três possibilidades de **RFV** – "recência"[1], frequência e valor.

Como não vivemos em um mundo perfeito, em que tudo acontece conforme o previsto, Rosenwald (2005) aconselha os profissionais de marketing a refletirem também sobre as etapas que os *prospects* percorrem até se tornarem clientes. Esse autor considera que, na primeira etapa, os *prospects* são capazes de se tornar clientes em razão do poder aquisitivo, do desejo ou da necessidade de adquirirem determinado produto ou serviço. Na etapa seguinte, mostram-se dispostos a decidir pela compra, seja pelos atributos do produto, seja pelo serviço

---

[1] Do inglês, *recency*: qualidade do que é recente (RECENCY, 2013).

oferecido, seja pela marca. Já na etapa final, os clientes estão prontos para a aquisição e para o início do relacionamento com a marca.

É importante mencionarmos também que todo consumidor potencial precisa ter **recursos suficientes** para comprar os produtos ou serviços da empresa. Há um grupo menor de *prospects* que está disposto a pagar o preço definido e, por fim, um grupo ainda mais reduzido que está pronto para comprar, ou seja, que é capaz de pagar o preço definido pela organização.

Elaborar essa segmentação implica um custo que precisa ser considerado. Na Tabela 2.2, você observa um exemplo de custo de segmentação que precisa ser levantado e considerado pelo profissional de marketing antes de ele decidir pelas ações que irá implementar com os *prospects*. Imagine que sua empresa decide comprar informações sobre os *prospects* existentes no mercado. Quanto isso custará a cada mil nomes obtidos? Lembre-se do que já defendemos anteriormente nesta obra: as empresas que comercializam esses dados cobram por cada especificidade solicitada pelo cliente. Vejamos a simulação do referido custo com base no que nos ensina Rosenwald (2005).

Tabela 2.2 – Custo para obtenção de dados

Tipos de dados	Custo de compra de dados a cada mil nomes
Para obter uma lista-base, ou seja, contendo somente nome e endereço	R$ 80,00
Informações que serão adicionadas à lista-base	
Para obter endereços de *e-mail*	R$ 95,00
Para obter informação referente a uma renda média de R$ 65 mil por ano	R$ 25,00
Para obter informação referente aos nomes que operam com cartão de crédito	R$ 7,50
Para obter os nomes de pessoas que operam apenas com cartão de débito	R$ 20,00
Para saber qual o tipo de residência das pessoas que constam da lista obtida	R$ 15,00
Custo total da lista (lista-base + adicionais)	R$ 242,50

Fonte: Elaborado com base em Rosenwald, 2005.

Analisemos a Tabela 2.2: ao solicitar uma lista apenas com nomes e endereços, a empresa pagará R$ 80,00 a cada mil nomes obtidos. Se a empresa deseja que sejam fornecidas também informações adicionais, os valores expressos no quadro deverão ser adicionados à conta que o profissional de marketing fará para avaliar se o investimento vale ou não a pena. Se quiser uma lista com os nomes, endereços, *e-mail*, renda e se quiser saber quais dos clientes utilizam cartão de crédito ou débito e qual o tipo de residência em que moram (por exemplo: casa, apartamento, chácara, moradia própria, alugada etc.), o valor a ser pago pela empresa será de R$ 242,50 a cada mil nomes obtidos. Assim, a ação promocional será feita para um número reduzido de *prospects*, o que significa que o investimento e o desperdício serão menores e a margem de lucro será mais interessante.

2.4
Quando e como reduzir a carteira de clientes

Acabamos de falar sobre a busca por novos clientes, mas vale ressaltar que nem sempre essa é a melhor decisão para o negócio. Sobre isso, Rosenwald (2005) afirma que a busca por novos clientes impõe à empresa novos investimentos e, com isso, a utilização de recursos financeiros que poderiam ser utilizados em esforços de marketing. Nesse sentido, é muito mais interessante, segundo o referido autor, investir na manutenção da carteira de clientes, o que exige menos investimento financeiro, assim como de esforços e tempo da equipe de marketing. Mas como saber quando essa regra se aplica ao negócio da empresa? Para o autor, a regra deveria ser a seguinte: promover o produto ou serviço somente para o público que tenha potencial para a compra. Rosenwald (2005) reforça a importância de se testar o mercado para identificar novos potenciais compradores, mas desde que o custo para esse teste não demande recursos adicionais que comprometam os investimentos em esforços de marketing. Dessa maneira, conservar os melhores clientes de uma empresa representa não somente

mais lucro, mas também **menos desperdício** de dinheiro e de tempo dos funcionários. Assim, empresas que adotam a **mensurabilidade** como base para a tomada de decisão se preocupam com a redução gradual de clientes, excluindo aqueles que não trazem para o negócio o retorno esperado. Veja o exemplo apresentado na Tabela 2.3.

Tabela 2.3 – Tabela de redução gradual do número de clientes

Quantidade inicial: 1.000
Lucro por unidade: 100
Porcentagem estimada de lucro por unidade (15%): 15

Número de remessas	Porcentagem	Porcentagem remanescente	Número de compras	Número cumulativo de compras	Valor cumulativo de receita	Lucro cumulativo
1	100	100	1000	1000	100.000	15.000
2	10	90	900	1900	190.000	28.500
3	10	81	810	2710	271.000	40650
4	10	72,9	729	3439	343.900	51.585
5	10	65,61	656	4095	409.510	61.426

Fonte: Rosenwald, 2005, p. 104.

Nesse exemplo, se uma empresa possui 1.000 clientes que compram 5 vezes o produto da sua organização, então terão sido vendidas 5 mil unidades. Se alguns desses clientes forem perdidos, a empresa terá também perdido o investimento que fez para conquistá-los e mantê-los durante determinado tempo. Por outro lado, se forem perdidos 10% desses clientes, cada uma das 5 vezes em que eles consumirem, e se cada produto contribui com R$ 15 para o lucro da empresa, o resultado dessa perda seria 18% do total que se ganharia se não houvesse ocorrido a redução.

Ao compreendermos essa situação, percebemos com mais clareza a relação entre a **perda de clientes** e o **lucro**. Planejar a perda de clientes, segundo Rosenwald (2005), é a melhor maneira de garantirmos a manutenção e, com frequência, o crescimento do lucro de uma empresa. Por outro lado, o autor lembra que, muitas vezes, reduzir a perda de clientes em 5% pode gerar lucros 85% superiores nas agências bancárias, 50% superiores em uma corretora de seguros e 30%

superiores em uma rede que oferece serviços de autoatendimento. Observe que é fundamental saber quanto investir para diminuir o custo com o atendimento a clientes que não oferecem retorno. Além disso, é preciso saber o quanto a perda de clientes precisa ser reduzida para se obter mais lucro.

2.5 O processamento do pedido pode ser o herói ou o vilão no relacionamento com o cliente

Quais motivos levam os clientes a abandonarem uma marca e preferirem a concorrente? Eles podem ser atraídos por uma **promoção** envolvendo determinado produto que antes não os atraía. Podem também ter perdido o interesse pelo produto ou serviço que a empresa está oferecendo. Segundo Rosenwald (2005), uma razão que frequentemente leva os clientes a abandonarem uma marca é a **falta de atenção**, que faz com que eles se sintam insatisfeitos. Para o autor, o processamento do pedido feito pelo cliente costuma ser a razão da perda do cliente e do sucesso da empresa concorrente.

Aparentemente, o processamento de um pedido é simplesmente uma questão de logística, realizada por um parceiro de confiança. Nesse sentido, é importante escolher um parceiro que se comprometa com a operação, **contribuindo para a qualidade do relacionamento com o cliente**. Vale ressaltar que o sucesso dessa operação gera a satisfação das necessidades e expectativas do cliente.

Muitas empresas querem colocar à disposição do cliente todos os meios possíveis para que ele efetue seu pedido e receba-o rapidamente. Essa medida é ótima e o cliente agradece; contudo, o custo para a empresa é **alto**. Citemos como exemplo a manutenção de um número "0800" que receba ligações de celular de todo o país. Nesse contexto, é necessário mencionar que o "0800" é usado também para que os clientes façam reclamações. Dessa maneira, parceiros de logística mais baratos podem representar um **custo adicional** inesperado, se considerarmos a **qualidade da operação**.

A mensurabilidade mostra-se importante diante dos custos da operação referente ao processamento de pedidos. O cálculo desses custos permite ao profissional de marketing **observar a operação** e **minimizar as surpresas** que possam causar impactos negativos no negócio.

Para refletir

CELESTE, P. Métricas de marketing: da teoria à prática. **Exame Expresso**, 7 abr. 2010. Disponível em: <http://aeiou.expresso.pt/metricas-de-marketing-da-teoria-a-pratica=f575123>. Acesso em: 24 out. 2010.

Nesse artigo, o autor focaliza o seguinte tema: ouvimos dizer de muitos especialistas que um bom plano de marketing consiste em estabelecer a diferença entre o que o profissional deseja e o que, de fato, ele consegue obter no mercado, garantindo a sustentabilidade do produto e da marca. Leia o texto, reflita sobre o tema e elabore comentários a respeito.

Comentários finais

Para a obtenção de dados sobre os potenciais clientes, as empresas podem optar por comprar informações já disponíveis no mercado ou constituir um banco de dados próprio com base em informações averiguadas em eventos. Assim, adquirir informações no mercado pode representar um investimento mais alto do que o previsto, já que a cobrança realizada pelas empresas que comercializam essas informações é feita mediante o nível de detalhamento solicitado.

O ato de manter atualizado o banco de dados é importante para o profissional de marketing entender e gerenciar o relacionamento com os clientes. É por meio desse gerenciamento que a empresa fica sabendo se houve ou não mudanças no estilo de vida de determinado cliente, o que contribui para a tomada de decisão sobre os esforços do departamento de marketing da organização. Durante o gerenciamento do banco de dados não é necessário inserir todas as informações disponíveis sobre os clientes, e sim aquelas que são relevantes para conhecê-los melhor. Vale mencionar que os profissionais de marketing precisam refletir sobre todos os *prospects* dispostos e prontos para se tornarem clientes.

Conservar os melhores clientes de uma empresa representa não somente mais lucro, mas também menos desperdício de dinheiro e de tempo. Assim, empresas que adotam a mensurabilidade como base para a tomada de decisão preocupam-se com a redução gradual de clientes, excluindo aqueles que não trazem para o negócio o retorno esperado. De fato, o ato de implementar a prática da mensuração oferece ao profissional mais subsídios para a tomada de decisão, ajudando a minimizar eventuais surpresas durante a gestão do negócio.

3

Customer Relationship Management (CRM) e o uso de incentivos para estimular e aumentar as vendas

Um cliente fiel, segundo Rosenwald (2005), causa impacto sobre o valor da marca e sobre o lucro da empresa. O reconhecimento do valor desse cliente é, aliás, mais relevante que a participação da marca no mercado. O *Customer Relationship Management* (CRM), ou gestão de relacionamento com o cliente, foi criado a partir da tomada de consciência de quão importantes são a conquista e a preservação dos clientes.

Conforme ensina Cobra (2003), para determinado cliente, o valor pode estar relacionado à **qualidade**, independentemente do preço. Para outro cliente, *valor* é sinônimo de *bom preço*. Além disso, o valor pode estar ligado à **rapidez** e à **qualidade** da entrega do produto. Cabe à empresa fornecedora conhecer seu cliente e saber a que aspectos ele atribui valor.

Nesse sentido, Cobra (2003) reforça que os gestores de uma organização devem sempre manter o foco na criação de valor para os produtos e os serviços, e que este precisa ser percebido pelos clientes. Isso não somente prestigia a marca, mas encaminha a continuidade no relacionamento entre a marca e seu público-alvo. O referido autor apresenta um resumo bastante interessante sobre o que é valor para o cliente (Figura 3.1).

Figura 3.1 – O que é valor para o cliente

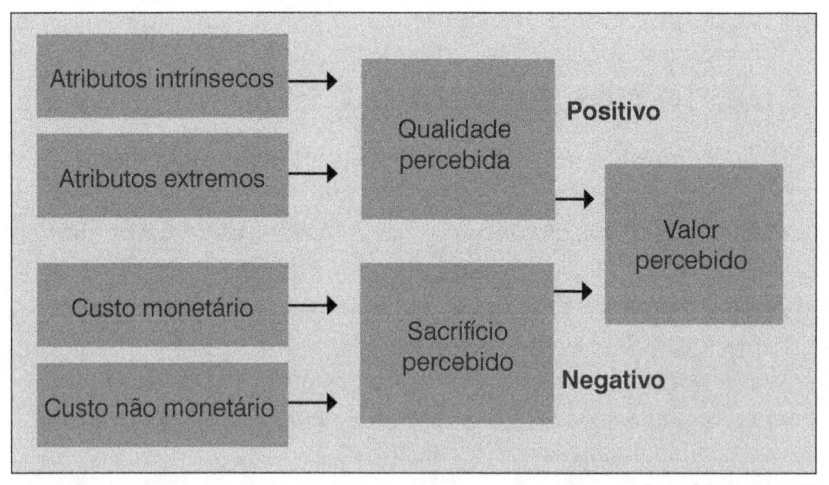

```
Atributos intrínsecos  →
                              Qualidade        Positivo
Atributos extremos     →      percebida
                                                        →  Valor
                                                           percebido
Custo monetário        →
                              Sacrifício
                              percebido        Negativo
Custo não monetário    →
```

Fonte: Cobra, 2003, p. 33.

Observe que o custo (monetário ou não) para a aquisição de um produto ou serviço é um sacrifício para o cliente e é considerado um reflexo negativo no valor que este atribui à marca. Contudo, também é necessário afirmarmos que o cliente está disposto a pagar mais (custo monetário) e se deslocar por vários quilômetros (custo não monetário) para conseguir o que deseja, fazendo com que isso pertença ao valor (positivo) que ele atribui ao objeto ou serviço adquirido. Dessa forma, vale ressaltar que os profissionais de marketing têm diante de si, uma tarefa de avaliação e percepção que se baseia em dados objetivos, mas também em informações subjetivas, averiguadas basicamente pelas pesquisas de mercado.

Neste capítulo, veremos de que maneira o CRM contribui para o conhecimento acerca da percepção do cliente em relação ao valor que ele atribui à marca. Considerando que o investimento em CRM tem um custo, discutiremos o quanto a empresa pode gastar com divulgação e promoções a partir do momento em que decide se irá manter os clientes usuais ou buscar novos.

A compreensão da segmentação é fundamental nesse processo. Por isso, abordaremos também esse tópico. Fidelidade é outra questão frequentemente levantada quando se fala da manutenção de clientes.

3.1

O quanto gastar com o CRM

A relação custo-benefício, conforme relembra Rosenwald (2005), é a base da avaliação das iniciativas para que a empresa se relacione com o cliente utilizando as iniciativas de CRM. Entre essas iniciativas, está, por exemplo, a contratação de senhoras com mais de 60 anos de idade para trabalhar no atendimento aos clientes dentro de um supermercado, já que as donas de casa tendem a confiar mais em pessoas dessa faixa etária. Contratar um grupo simpático de pessoas para recepcionar os clientes na entrada do ponto de venda também é um exemplo de iniciativas dessa natureza.

Já existem cartões de crédito que são oferecidos somente a clientes importantes e que são acionados assim que estes entram no ponto de venda. Um computador local "lê" o cartão e informa aos vendedores o perfil do cliente. Como você pode ver, o atendimento a esses clientes diferenciados é customizado de acordo com o histórico de compras, as predileções e, evidentemente, as queixas deles.

Diante disso, colocamos a seguinte questão: O quanto a empresa está disposta a investir em iniciativas de relacionamento com os clientes para obter um lucro significativo que justifique todo o investimento? Rosenwald (2005) recomenda que a empresa considere três estimativas antes de tomar uma decisão:

1. estimativa da receita e do lucro que seriam obtidos sem o investimento em CRM;
2. estimativa da receita e do lucro que seriam obtidos com o investimento em CRM, além daquilo que os clientes-alvo poderiam proporcionar;
3. estimativa de quanto custaria substituir os clientes por outros.

Rosenwald (2005) oferece também um exemplo de cálculo que pode ser feito pelo profissional de marketing antes de um investimento em CRM (Tabela 3.1).

Tabela 3.1 – Retorno sobre investimento com CRM

Descrição		Total
Número estimado de pedidos em um período	4	
Valor médio do pedido	R$ 100,00	R$ 400,00
Porcentagem estimada de margem de contribuição ou lucro	20%	R$ 80,00
Expectativa de margem de contribuição sem o investimento em CRM	100	
Número estimado de pedidos em um período com o programa CRM	7	
Valor médio do pedido com o programa CRM	R$ 130,00	R$ 910,00
Margem de contribuição com o investimento em CRM	20%	R$ 182,00
Aumento da receita com o programa CRM	R$ 510,00 (910 – 400)	
Margem de contribuição ou lucro incremental do programa CRM	R$ 102,00	
Expectativa de margem de contribuição ou lucro permanente com o programa CRM	R$ 202,00	

Fonte: Rosenwald, 2005, p. 55.

Ao analisar a Tabela 3.1, observamos que a primeira linha apresenta 4 pedidos estimados por período. Nessa simulação de investimento em CRM, foram adicionados outros 3 pedidos, elevando-se a receita.

Programas de milhagem de companhias aéreas são um bom exemplo de segmentação e de como premiar clientes leais. Isso porque, quanto mais estes viajam, mais pontos ganham. O benefício é evidente para os clientes. A empresa, contudo, precisa considerar que a gestão desse programa custa dinheiro. Por isso, ela precisa impor alguns limites, como o uso do benefício até determinada data, que costuma ser de um ano, a ser contado a partir da data da viagem paga. Caso contrário, a empresa terá de investir indefinidamente na manutenção e concessão do benefício, que seria muito mais vantajoso para o cliente do que para a empresa fornecedora. Diferenciar os clientes também é um exemplo de segmentação. Essa é justamente a **chave do sucesso** do CRM.

3.2
Pensar pequeno também funciona

Rosenwald (2005) aconselha as empresas a investirem em CRM com grupos de clientes. Para realizar uma segmentação adequada da carteira de clientes, a empresa precisa destinar somas importantes a tecnologias da informação. Dessa forma, ela poderá obter o grupo que representa os 20% de clientes mais rentáveis.

O custo certamente é amortizado durante o processo de CRM, especialmente quando o retorno obtido é positivo. Segundo Rosenwald (2005), se a empresa conseguir determinar quanto pode investir em cada cliente ou segmento de sua carteira de clientes e, em seguida, multiplicar esse valor pelo número de clientes do segmento escolhido, será possível obter uma estimativa da quantidade de dinheiro de que a empresa dispõe para investir na operação de CRM.

3.3
Fazendo escolhas e julgamentos

Retomando o conceito de marketing, que, de acordo com Kotler (1998), diz respeito ao atendimento das necessidades de indivíduos e grupos por meio do fornecimento de produtos de valor, podemos inferir que as decisões dos profissionais dessa área devem estar voltadas para o cliente. Além disso, é necessário mencionar que essas decisões devem preceder quaisquer outros gastos, inclusive com tecnologia da informação. É o foco no **cliente** que faz com que lojas ofereçam estacionamento gratuito e editoras de revistas enviem brindes aos seus assinantes mais antigos quando estes indicam outros assinantes, por exemplo.

Observe, no entanto, que a segmentação faz com que os bancos ofereçam benefícios somente para um grupo reduzido de clientes. Os bancos Itaú Personnalité, Bradesco Prime e Santander são exemplos. Ainda que o terreno para o estacionamento já exista e seja de propriedade de determinada agência, esta somente irá disponibilizá-lo para aqueles clientes que realmente mereçam ser tratados com deferência. Isso faz com que os clientes prefiram uma agência a outra, por exemplo. Não deixe de observar na prática como essa questão funciona!

3.4

A lealdade do cliente

Com a democratização da informação, as empresas têm se deparado com o grande desafio de **conquistar e manter a lealdade de seus clientes**. Eles são espertos, inteligentes e sabem barganhar! Valorizam serviços adicionais e exigem qualidade e rapidez na entrega. Além disso, não querem ser diariamente bombardeados com mensagens. Então, o que fazer? Você já se perguntou como as empresas podem vencer esse desafio?

Cobra (2003) indica dez formas para desenvolver a **lealdade** dos clientes:

1. **Comunicação em duplo sentido**: A sincronicidade é fundamental para o cliente. Isso porque ele quer interagir com seu fornecedor gratuitamente e com agilidade. Ao tomar conhecimento de uma promoção, quer entrar rapidamente na internet e se beneficiar com ela.
2. **Visão ampla do cliente**: Um *call center* não pode ser criado e gerido como se fosse um plantão de reclamações. Equipes de atendimento devem estar disponíveis na sala de bate-papo 24 horas por dia para oferecer informações sobre produtos e serviços.
3. **Visão ampla da empresa**: A empresa como um todo deve estar preparada para atender ao cliente. Essa atribuição não se restringe às áreas de vendas e marketing.
4. **Portal disponível e eficiente**: Comprar via internet não é mais novidade. A empresa que quer manter seus clientes satisfeitos e leais à marca deve ser criativa e manter seu portal atualizado, disponível e legível. Você já entrou em portais que apresentam uma quantidade tão grande de informações que você chegou

até a se sentir perdido? É necessário tomar cuidado com a estruturação visual e textual dos *sites*.
5. **Autosserviço**: Proporciona agilidade para o cliente e reduz o custo do fornecedor. Para isso, os equipamentos precisam funcionar adequadamente, e o portal deve ser de fácil acesso.
6. **Ouvir o cliente**: Canais de comunicação ágeis e que realmente funcionam são fundamentais. Se sua empresa não quer investir em pessoal para responder *e-mails*, atender ao telefone ou entrar no bate-papo, é melhor não disponibilizar esses serviços em *sites*.
7. **Serviço ao cliente**: O cliente quer atenção; então, dê atenção a ele. Se você deseja disponibilizar um *link* intitulado "Fale com o Presidente", faça com que o cliente realmente consiga falar com o presidente da companhia. Lembre-se: o consumidor não é bobo!
8. **Marketing customizado**: Só acontece se a empresa conhece, de fato, o cliente. Esse conhecimento, por sua vez, é possível por meio de um banco de dados atualizado e de fácil acesso. A pior comunicação com o cliente é a padronizada, em que só se muda o nome ou o gênero, como sentenças que começam com "prezado senhor/senhora".
9. **Respostas acuradas aos clientes**: Jamais "enrole" o cliente. Vá direto ao ponto e busque a informação que ele estiver solicitando.
10. **Canais diversificados para contato**: Nem todos os clientes têm acesso à internet. Talvez eles nem precisem desse canal de comunicação para fazer parte dos 20% de clientes que ajudam a sustentar o negócio. Nesse caso, um banco de dados atualizado também é fundamental.

O cliente é o **maior tesouro** da empresa. Cuidar dele deve ser a sua principal preocupação. Nesse sentido, **relacionar-se** com ele é fundamental!

Para refletir

MARKETING ONLINE VISIONÁRIO. **Métricas de marketing online.** Disponível em: <http://www.erickformaggio.com/2009/11/metricas-de-marketing-online.html>. Acesso em: 24 out. 2010.

Nesse artigo, o autor explica algumas métricas que os profissionais podem considerar para a tomada de decisão referente às ações de marketing.

Comentários finais

Um cliente fiel, segundo Rosenwald (2005), tem um valor que causa impacto sobre a marca e o lucro da empresa. O reconhecimento desse valor é mais relevante do que a participação da marca no mercado. Para definir o quanto a empresa está disposta a investir em iniciativas de relacionamento com os clientes, visando à obtenção de um lucro significativo, precisam ser considerados a receita e o lucro que seriam obtidos com ou sem o investimento em CRM, além daquilo que os clientes-alvo poderiam proporcionar e do quanto custaria substituir determinados clientes por outros.

Nesse contexto, as empresas devem investir em CRM somente com clientes cuja lealdade é desejada. Dessa forma, é importante que a gestão de marketing volte a sua atenção para as seguintes ações: definir uma comunicação clara com os clientes, considerando suas expectativas em relação à marca; tornar perceptível o valor da marca em questão; manter seu portal sempre eficiente, rápido e atualizado; e realizar um acompanhamento após a compra efetiva, garantindo a manutenção do relacionamento com os clientes.

4

As principais métricas de marketing: participação em corações, mentes e mercados

Vimos no capítulo anterior a importância de uma comunicação adequada com o cliente. Quando falamos em valor de marca, é importante termos em mente que, quanto mais intensa for a relação com o cliente, mais ele se sentirá apegado à marca em questão, recomendando-a ao seu grupo de referência e lembrando-se dela sempre. Daí a relevância de medir adequadamente a participação da marca no coração e na mente dos clientes.

A participação da marca no mercado também é algo que os profissionais de marketing devem saber utilizar. Farris et al. (2007) ensinam que tão importante quanto saber qual o nível de participação da empresa no segmento em que atua é conhecer os demais participantes desse segmento. Neste capítulo, abordaremos as métricas que oferecem suporte aos profissionais de marketing. O objetivo é fazer com que eles conheçam melhor determinados temas a fim de tomarem decisões acertadas.

4.1

Participação no coração e na mente dos clientes

Na vigésima edição da pesquisa *Top of Mind*, realizada pelo Datafolha (2010), foi feita a seguinte pergunta aos brasileiros a partir de 16 anos de idade: "Qual é a primeira marca que lhe vem à cabeça?" Os 204 pesquisadores que viajaram pelo Brasil entre 27 e 30 de julho de 2010 tinham como objetivo levantar as marcas mais lembradas em

47 categorias. Para isso, percorreram 160 municípios em todos os estados, além do Distrito Federal. As categorias avaliadas pela pesquisa foram: **comunicação** (aparelho celular e empresa operadora de telefonia celular), **alimentação** (adoçante, azeite de oliva, biscoito, cerveja, chocolate, leite, maionese, margarina, refrigerante e sorvete), **eletrônicos** (aparelhos de TV, aspirador de pó, fogão, geladeira, máquina de lavar roupa, *notebook*, pilha), **finanças** (banco, cartão de crédito, plano de saúde, poupança e seguro), **transporte** (carro, combustível, companhia aérea e pneu), **higiene** (aparelho de barbear, desodorante, fralda descartável, pasta de dente, protetor solar, sabonete e xampu) e, finalmente, **compras** (loja de móveis e eletrodomésticos, material esportivo, sabão em pó, supermercado e tinta de parede).

Conforme o Datafolha (2010), "tão importante quanto observar a dança das marcas em categorias dinâmicas [...] é [...] notar a queda no grau de desconhecimento dos brasileiros sobre o tema ao longo do tempo". Isso significa que, no decorrer dos anos, os brasileiros têm retido mais em suas mentes as marcas que **agradam**. Segundo o referido instituto de pesquisa, o percentual de brasileiros que não consegue lembrar-se de uma marca caiu de 25% em 1993 para 9% em 2010.

Observem como é relevante para o profissional de marketing a gestão da marca e o fato de esta ser lembrada pelo cliente. Veremos, na sequência, como determinar em que medida o cliente está mais ou menos próximo à marca, a ponto de se relacionar com ela, preferi-la à marca da concorrência e recomendá-la.

Consciência, atitudes e uso

Farris et al. (2007, p. 50) reforçam que "as informações sobre atitudes e crenças esclarecem por que determinados usuários favorecem ou não certas marcas". Pesquisas de mercado são encomendadas pelos profissionais de marketing a empresas especializadas para levantar determinadas informações por amostragem.

Esses levantamentos são feitos para determinar, por exemplo, como os clientes reagem à exibição de determinado comercial na TV ou à inserção de uma campanha de comunicação na mídia impressa. Mas por que fazer um levantamento como esse? Para saber qual o efetivo retorno que determinado investimento está trazendo para a marca em termos de relacionamento e de compra efetiva.

No Quadro 4.1, constam exemplos de perguntas feitas para verificar a consciência do cliente em relação a determinada marca, suas atitudes e sua disposição ao uso.

Quadro 4.1 – Consciência, atitudes e uso: perguntas típicas

Tipo	Categorias de avaliação	Perguntas típicas
Consciência	Consciência e conhecimento	Você já ouviu falar na marca X? Que marca lhe vem à cabeça quando você pensa em "carro de luxo"?
Atitudes	Crenças e intenções	Determine em que nível, utilizando uma escala de 1 a 5, a marca X é para pessoas jovens. A marca X me serve? Quais são os pontos fortes e fracos de cada marca?
Uso	Hábitos de compra e lealdade	Você já viu a marca X esta semana? Por qual marca você optou em sua última compra?

Fonte: Farris et al., 2007, p. 50.

Farris et al. (2007) alertam os gestores para que usem sua experiência e façam alguns ajustes necessários para aplicar pesquisas e para considerar os resultados destas. Segundo os autores, algumas técnicas recomendadas são:

- **Ajuste de mudanças periódicas:** Refere-se à forma como as perguntas são formuladas e à frequência com que são aplicadas, pois, se o mesmo respondente se manifestou em relação à mesma pesquisa há pouco tempo, sua predisposição de cooperar é baixa.
- **Separação das respostas de clientes das de não clientes:** Usuários de uma marca apresentam maior predisposição para falarem sobre ela.
- **Triangulação de dados de pesquisa dos clientes com o desempenho da empresa:** A venda para um distribuidor ocorre antes da aquisição do produto pelo consumidor final. Assim, o gestor deve verificar quem deve ser entrevistado – aquele que compra e distribui ou o que compra e usa o produto ou serviço.

- **Separação entre indicadores principais e secundários**: Um cliente que acaba de comprar determinado carro costuma buscar indicadores que confirmem sua decisão. Ao fortalecerem essa percepção do consumidor, esses indicadores podem reforçar o seu relacionamento com a empresa a longo prazo.

Vale sempre ressaltar a importância de se analisarem com cuidado os dados obtidos com base em respostas oferecidas pelas pessoas que participaram de pesquisas de mercado. A preparação das perguntas para essa pesquisa é uma etapa fundamental para que, de fato, os tomadores de decisão em marketing possam obter informações valiosas. A análise no retorno dos resultados é igualmente valiosa e merece avaliação criteriosa.

Satisfação do cliente e disposição para recomendar

Antes de verificar a satisfação do cliente, a empresa fornecedora deve determinar qual a meta a ser alcançada, pois, assim, poderá avaliar se a experiência relatada pelo cliente supera, atende ou está aquém do esperado. Vale ressaltar que a disposição do cliente para recomendar a aquisição do produto ou o uso do serviço está diretamente relacionada à sua satisfação.

As métricas referentes à satisfação do cliente e à disposição deste para recomendar a marca são a **porcentagem de clientes pesquisados que atinge a meta de satisfação esperada pela empresa** e que **corresponde ao percentual esperado de clientes que indicariam a marca**.

Na prática, o departamento de marketing de um hotel, por exemplo, poderia perguntar aos hóspedes de maneira geral a respeito da satisfação destes com a estadia ou, então, questionar a satisfação dos clientes por áreas de atendimento (recepção, serviço de quarto, restaurante, lavanderia etc.).

Questionamentos costumam ser feitos em uma **escala de 1 a 5**, conforme a tabela a seguir.

Tabela 4.1 – Respostas a uma pesquisa de clientes de um hotel

	Muito insatisfeito	Parcialmente insatisfeito	Nem satisfeito nem insatisfeito	Parcialmente satisfeito	Muito satisfeito
Pontuação	1	2	3	4	5
Respostas utilizáveis de um total de 200 respondentes	3	7	40	100	50
Porcentagem de satisfação	2%	4%	20%	50%	25%

Fonte: Farris et al., 2007, p. 55.

Vale lembrar que, nessa escala, para efeito de avaliação, são somados os números referentes aos dois níveis mais altos, ou seja, somam-se os resultados das pontuações **4** e **5**. Além disso, são somados os números dos dois níveis mais baixos (os resultados das pontuações **1** e **2**). Com isso, obtém-se um percentual de satisfação de 75% *versus* um percentual de insatisfação de 6%.

Disposição para procurar

Trata-se do percentual de clientes que, segundo Farris et al. (2007), estão "dispostos a adiar as compras, mudar de loja ou reduzir as quantidades de compra para evitar a troca de marcas". O objetivo de se calcular essa métrica é avaliar o quanto os clientes estão comprometidos com a empresa ou com a marca. A lealdade do cliente é fundamental no marketing, mas a questão é: **Como avaliar o nível de lealdade do cliente?**

Conforme Farris et al. (2007), isso é feito por meio da **taxa de recompra**, ou seja, a participação nos gastos da categoria analisada, por meio da disposição do cliente para pagar um preço mais alto pela marca em questão e mediante outras avaliações que envolvem consciência, atitudes e uso.

4.2

Participação no mercado

As metas de vendas e o aumento da participação da marca no mercado (*market share*) precisam ser compreendidos pelos profissionais de marketing. Para alcançar um determinado objetivo, como o aumento da participação de mercado, o profissional deve optar pelo **aumento do mercado-alvo** ou pela **conquista de novos clientes**.

A participação de mercado de determinada empresa pode ser calculada da seguinte maneira:

$$\text{Participação de mercado em unidades (\%)} = \frac{\text{Vendas unitárias (quantidade)}}{\text{Total de vendas unitárias no mercado (quantidade)}}$$

Para definir o mercado em questão, Farris et al. (2007) sugerem que os gestores estabeleçam previamente os seguintes itens: produtos, concorrentes, canais, locais de venda, clientes e período ao qual se referem.

Índice de desenvolvimento de marca (IDM) e índice de desenvolvimento de categoria (IDC)

O índice de desenvolvimento de marca (IDM), segundo Farris et al. (2007), corresponde à quantificação do desempenho da marca em determinado segmento de clientes, quando comparado ao desempenho médio dessa marca em relação a todos os clientes do mercado. Seu cálculo é feito da seguinte forma:

$$IDM = \frac{\dfrac{\text{Unidades vendidas para o grupo de consumidores}}{\text{Número de lares existentes neste grupo determinado}}}{\dfrac{\text{Quantidade total vendida pela marca}}{\text{Número total de lares no mercado}}}$$

Por exemplo: suponha que "Gelada" é uma marca de cerveja de baixa expressão no mercado. Entre os lares ou grupos sociais formados apenas por mulheres, a venda é de uma lata para cada 100 lares. No mercado, as vendas da referida marca são de uma lata por semana para cada 80 lares, ou seja, 1/100 de uma lata por lar no segmento envolvendo homens *versus* 1/80 de uma lata no mercado em geral. Aplicando esses dados na fórmula anterior, teríamos o seguinte:

$$\text{IDM "Gelada"} = 1/80 | 1/100$$

$$\text{IDM "Gelada"} = 0,8$$

Conforme ensinam Farris et al. (2007, p. 58), o IDM é composto pela "medida das vendas da marca por pessoa ou por lar dentro de um grupo demográfico específico [...] comparado com suas vendas médias por pessoa ou por lar no mercado como um todo".

Já o índice de desenvolvimento de categoria (IDC), conforme ensinam Farris et al. (2007, p. 37), "demonstra onde uma categoria mostra pontos fortes ou fracos em relação ao seu desempenho global". Por exemplo: a marca de cerveja "Gelada" é mais consumida no nordeste do Brasil do que na Região Sul. O cálculo é o mesmo utilizado para o IDM, mas, nesse caso, consideram-se as vendas realizadas na categoria do produto que está sendo analisado.

Penetração de mercado e de marca

Considerando-se que os gerentes compõem o nível tático da organização e são responsáveis por determinar os planos de ação para atingir os objetivos estratégicos definidos pela presidência e pela direção, é necessário mencionar que eles precisam fixar maneiras de aumentar as vendas.

Se os clientes que já são assíduos têm um limite para compra, é preciso atrair os clientes da concorrência ou então novos consumidores para o segmento de atuação da empresa. A questão é definir qual desses dois caminhos é o mais adequado. Nesse contexto, a **métrica de penetração** oferece suporte para definir o caminho a ser seguido.

Essa métrica diz respeito ao número de pessoas que compraram determinada marca ou categoria de produtos pelo menos uma vez em dado período dividido pelo tamanho do mercado a ser considerado. Esse cálculo é feito da seguinte maneira:

$$\text{Penetração de mercado (\%)} = \frac{\text{Número de clientes que compraram um produto na categoria}}{\text{Número de clientes no mercado}}$$

$$\text{Penetração de marca (\%)} = \frac{\text{Número de clientes que compraram a marca}}{\text{Número total de lares no mercado}}$$

Segundo Farris et al. (2007), as taxas de penetração de mercado e de marca, cujas fórmulas foram aqui apresentadas, são medidas da "popularidade" do produto. Vale ressaltar que é preciso definir o período em que essa análise estiver sendo feita.

Por exemplo: no período de dezembro a fevereiro de 2010, em um mercado de 10 mil lares, 500 deles compraram a cerveja "Gelada". Dessa forma, a taxa de penetração da marca é de **5%**, calculada da seguinte forma: 500/10.000. No mesmo período, 2 mil lares compraram outra marca de cerveja existente no mercado. Assim, a taxa de penetração do produto no mercado é de **25%**, cálculo feito pela divisão de 500 por 2 mil.

Para refletir

PCOM – Comunicação e Marketing. **A importância de investir em métricas no marketing**. 13 ago. 2010. Disponível em: < http://www.pcom.com.br/blog/a-importancia-de-investir-em-metricas-no-marketing>. Acesso em: 24 out. 2010.

Nesse texto, afirma-se que "o marketing sempre foi criticado por não conseguir apresentar dados tão relevantes quanto o setor financeiro de uma empresa. As métricas de marketing devem ser medidas para identificar o sucesso das ações realizadas pela marca, porém muitos resultados somente serão obtidos a médio e longo prazo, visando o futuro. O processo é diferente dos resultados das finanças que normalmente estão baseados no passado". Após a leitura do artigo e a análise dos conceitos que vimos até aqui, qual sua percepção sobre as críticas feitas à área de marketing no que diz respeito à apresentação de resultados mensuráveis? Verifique também se essas críticas estão presentes no departamento de marketing da empresa em que você trabalha.

Comentários finais

Ao longo dos anos, os brasileiros têm retido mais na mente as marcas que lhes agradam. As métricas relacionadas à satisfação dos clientes e à disposição destes para recomendar a marca equivalem à porcentagem que atinge a meta de satisfação esperada pela empresa e que, portanto, indicaria o índice de satisfação em relação à marca.

É interessante salientar que, nesse sentido, é comum que as empresas encomendem pesquisas para buscar respostas que atendam a níveis que vão de 1 a 5. Esses níveis correspondem à seguinte sequência: muito satisfeito; parcialmente insatisfeito; nem satisfeito nem insatisfeito; parcialmente satisfeito; e muito satisfeito.

A métrica conhecida como *disposição para comprar* oferece aos tomadores de decisão na área de marketing subsídios para que façam seus investimentos no sentido de atrair ou aumentar o mercado-alvo.

5

Rentabilidade do cliente

Neste capítulo, discutiremos a mensuração do retorno proporcionado por um cliente, assim como procuraremos demonstrar a importância de se definir quantos clientes, de fato, a empresa possui. Já vimos anteriormente que alguns clientes são mais valiosos que outros. Descobrimos também que algumas relações merecem mais atenção e investimento que outras, pois se referem a segmentos de clientes que trazem um retorno mais importante para a empresa.

Considerando esses aspectos, introduziremos neste capítulo o conceito de rentabilidade do cliente, que sintetiza o seu desempenho financeiro e representa a relação que ele mantém com determinada empresa. Também abordaremos a maneira de calcular e interpretar o quanto representa para a empresa a duração da relação com o cliente, isso porque, às vezes, acreditamos que vale mais a pena conquistar clientes novos do que investir na manutenção daqueles que já fazem parte da carteira da empresa. A questão é: Como saber se essa é a melhor decisão? Nesse sentido, compreenderemos também as despesas de retenção de clientes, ou seja, a manutenção dos clientes que já fazem parte do público-alvo do marketing, bem como as despesas que se referem à conquista de novos clientes.

5.1
Clientes, "recência" e retenção

Farris et al. (2007) alertam que **clientes** são aqueles que compraram da empresa durante um período específico. Esses autores nos chamam a atenção para a importância de não efetuar a **contagem dupla** de clientes, já que uma contagem correta proporciona a mensuração de quantos clientes a empresa realmente possui e quantos ela atraiu e perdeu.

Empresas que têm contratos com seus clientes têm mais facilidade para saber quantos fazem parte de suas carteiras. Exemplos disso são as empresas de telefonia e TV a cabo. A dificuldade em torno disso (embora possa parecer muito simples contar quantos clientes uma empresa tem) está em saber o seguinte: Num lar onde a companhia tem contrato com uma pessoa para o fornecimento de TV a cabo, quantas pessoas, de fato, usufruem do serviço? Na verdade, é a **soma** desses indivíduos que determina quantos clientes a empresa citada possui naquela residência. Evidentemente, as organizações não se dão ao trabalho de fazer precisamente esse levantamento. Elas baseiam-se em **médias** fornecidas, por exemplo, pelo Instituto Brasileiro de Geografia e Estatística (IBGE), que são resultado dos chamados **censos**.

Por outro lado, empresas como supermercados têm mais dificuldade para afirmar quantos clientes, de fato, possuem. Isso porque organizações de varejo baseiam-se na **quantidade de transações** que efetuam em determinado período. É preciso, nesse caso, excluir o número possível de transações efetuadas pelo mesmo cliente. Em um *site*, pode haver a contabilização do número de acessos, mas, assim como no caso dos supermercados, uma pessoa pode ter visitado a página mais de uma vez.

Farris et al. (2007, p. 148) definem a expressão *recência de compras* como o "período de tempo desde a última compra do cliente". A importância disso reside no fato de a empresa conseguir, segundo os autores citados, "mapear mudanças no número de clientes ativos".

Além disso, a taxa de retenção, conforme Farris et al. (2007), mensura a capacidade de a empresa reter os clientes que possui em sua carteira. Vale lembrar que a taxa de retenção é diferente dos conceitos de aumento ou queda no volume de compras, já que diz respeito somente aos clientes **já existentes**.

Um exemplo dessa taxa é a renovação de assinaturas de revistas. Se uma empresa tem 40 mil assinaturas para expirar em determinado mês do ano e somente 20 mil foram renovadas, a taxa de retenção foi de 50%. Para você, isso é muito ou pouco? A empresa que mensura suas ações pode construir um histórico e comparar os resultados atuais com os anteriores, considerando o ambiente em que o negócio é desenvolvido. Evidentemente, em épocas de recessão econômica, as pessoas tendem a cortar despesas que julgam supérfluas, e a assinatura de uma revista corre o sério risco de fazer parte desse grupo. É importante ressaltar que, quando falamos em rentabilidade do cliente, referimo-nos, segundo ensinam Farris et al. (2007, p. 153), à "diferença entre as receitas obtidas e os custos associados com a relação com o cliente durante um período específico".

5.2
Lucro do cliente

Consideremos a definição de Farris et al. (2007, p. 153) para o conceito de rentabilidade do cliente. "o lucro que a empresa tem com o atendimento de um cliente ou de um grupo de clientes no decorrer de um determinado período". Nesse contexto, a questão que podemos colocar é: **Como melhorar a rentabilidade individual?** Já abordamos anteriormente a importância de se distinguir um cliente de outro por meio da **segmentação**, pois, uma vez segmentada a carteira de clientes, Farris et al. (2007) recomendam que eles sejam tratados conforme os grupos a que pertencem.

Clientes de **primeiro nível** devem ser **recompensados**, pois são os mais valiosos, e devem ser mantidos **próximos da marca**. Caso perca esses clientes, a organização será afetada de maneira significativa. Clientes de **segundo nível** devem ser desenvolvidos para se tornarem clientes de **primeiro nível**. Vale lembrar que, nesse caso, faz-se necessária também a **segmentação**. Por fim, há os clientes de **terceiro nível**, que podem ser dispensados. Para isso, é fundamental que a empresa os **conheça**. Investir em ações de CRM (Customer Relationship Management) em relação a esses clientes é um desperdício, pois eles não apresentam potencial para ocuparem o **segundo nível**.

Para fazer os cálculos relativos aos clientes nos níveis mencionados, Farris et al. (2007) ensinam que a rentabilidade do cliente (RC) é calculada da seguinte maneira:

RC = Receitas associadas ao cliente – Custo para atendê-lo

5.3

Valor de duração do cliente

Observe que o valor de duração de um cliente está relacionado, conforme Farris et al. (2007), ao valor em dinheiro. Esse valor, por sua vez, baseia-se no fluxo de caixa, quando projetado com base na relação criada com o cliente. A equação para se obter o valor de duração do cliente (VDC) é a seguinte:

$$VDC = \frac{\text{Operações rentabilidade do cliente}}{\text{Gerenciamento da equipe de vendas e do canal}}$$

Observe que a rentabilidade do cliente é medida por meio da relação existente entre o que a organização investe para a operação e o gerenciamento feito para a aquisição de uma equipe de vendas, além de profissionais para prestarem atendimento no canal de vendas.

Ao adotarem o conceito referente à mensuração do valor de duração de um cliente no grupo de clientes, as empresas começam a perceber o quanto precisam investir na relação **a longo prazo** com seus clientes, em vez de prever lucros trimestrais e investir em operações de CRM com base em previsões de curto prazo.

Nesse momento, você deve estar se perguntando: **Qual a diferença entre o cálculo do lucro do cliente e o cálculo do valor de duração do cliente?** Observe que o primeiro reflete a relação que já ocorreu com o cliente, enquanto o segundo oferece a visão de um relacionamento futuro. Com base nisso, a empresa pode decidir como investir sua verba de marketing. Assim, segundo Farris et al. (2007), o valor de duração do cliente pode ser considerado o "valor atual de fluxos de caixa futuros atribuídos ao relacionamento com o cliente".

5.4

Valor do *prospect versus* valor do cliente

Você viu nesta obra que *prospect* é o nome dado ao potencial cliente de uma empresa. Agora, veremos que, conforme definem Farris et al. (2007, p. 159), "valor de duração do *prospect* é o valor esperado de um cliente potencial". Isso significa que a empresa deve calcular o custo de prospectar o cliente e, em seguida, comparar o valor obtido com o quanto a empresa espera que esse cliente lhe traga em termos de receita. A fórmula para calcular o valor de duração do prospect (VDP) é a seguinte:

$$\text{VDP} = \text{Taxa de aquisição (\%)} \times [\text{margem inicial (\$)} + \text{VDC (\$)}] - \text{despesa de aquisição}$$

Atentemos para o seguinte: a gestão de marketing deve buscar a maneira **mais econômica** e a **mais eficiente** de atrair novos clientes, em vez de se sentir atraída por uma projeção de receita que talvez não se concretize.

Para refletir

RIBEIRO, M. B. Foco nas métricas de marketing corretas. **2getmarketing.com.br**. Disponível em: <http://2getmarketing.com.br/%20/b2b/geraciamento-de-leads/foco-nas-metricas-de-marketing-corretas>. Acesso em: 24 out. 2010.

Escrito por Max Barbosa Ribeiro, esse artigo apresenta a seguinte constatação: "Sistemas de automação de marketing fornecem métricas que permitem focar nas áreas mais importantes e fornecer ideias e comprovar a contribuição da área de marketing para o sucesso da empresa como centro de lucro, e não como centro de custos". Depois de estudar as métricas de marketing relacionadas à área de finanças, reflita sobre a afirmação anterior e explique de que maneira a aplicação e a avaliação correta de métricas de marketing podem contribuir para a visão da organização como um centro de lucro.

Comentários finais

O levantamento dos clientes de uma empresa permite a mensuração do número clientes que essa empresa tem, bem como do número de compradores que ela atraiu e perdeu.

Por outro lado, a taxa de retenção mensura a capacidade de a organização reter os clientes que possui em sua carteira. Já a rentabilidade do cliente é a diferença entre as receitas obtidas e os custos associados durante um período de tempo específico.

Ao segmentarmos os clientes, chegamos a três grupos: clientes que devem ser recompensados e que fazem parte do primeiro nível; clientes que precisam ser desenvolvidos e que têm potencial para migrarem do segundo para o primeiro nível; e clientes que podem ser dispensados.

Para fazer os cálculos que proporcionam aos profissionais de marketing informações para essa tomada de decisão, subtrai-se o custo de atendimento do cliente de sua rentabilidade. Em relação a isso, Farris et al. (2007) ensinam que a rentabilidade do cliente é calculada subtraindo-se das receitas associadas ao cliente o custo para atendê-lo.

6

As principais métricas de marketing: produto, preço, promoção e praça

Antes de abordarmos as métricas voltadas para o composto de marketing, relembremos que, conforme ensina Kotler (1998), são quatro os elementos que fazem parte desse composto: **produto**, **preço**, **praça** e **promoção**. Esses itens desdobram-se nas ações exemplificadas na figura a seguir.

Figura 6.1 – O composto de marketing

Composto de marketing			
Produto Variedade Qualidade *Design* Características Marca Embalagem Tamanhos Serviços Garantias Devoluções	**Preço** Lista de preços Descontos Condições Prazo de pagamento Condições de crédito	**Promoção** Promoção de vendas Propaganda Força de vendas Relações públicas Marketing direto	**Praça** Canais Cobertura Sortimento Localização Estoque Transporte

Mercado-alvo

Fonte: Kotler, 1998, p. 97.

Você verá, em cada seção deste capítulo, os elementos que fazem parte do composto de marketing e as métricas necessárias para avaliar o investimento que se deseja fazer. Além disso, verificaremos algumas métricas que são utilizadas para a tomada de decisões durante o lançamento de um novo produto e a definição do preço deste.

Por fim, abordaremos os canais de distribuição que podem ser utilizados, as promoções que trazem mais retorno sobre o investimento realizado e o cálculo do retorno sobre investimentos feitos em mídias e para a *web*.

6.1

Produto

Algumas métricas são utilizadas para o lançamento de novos produtos, durante a etapa referente ao **planejamento**. Essas métricas buscam responder a questões como: Que volume desse novo produto pode ser vendido? Haverá a canibalização dos produtos já existentes após o lançamento do novo item? Que impactos ocorrerão sobre a imagem da marca?

Ao se decidir pelo lançamento de um novo produto, os profissionais de marketing podem se beneficiar de previsões que, conforme Farris et al. (2007), **envolvem projeções de crescimento no mercado**. Além disso, as métricas de canibalização são importantes porque determinam que impacto o novo produto trará para o portfólio da empresa.

Amostras de intenção de compra dos consumidores, assim como informações sobre a repetição de aquisições, oferecem suporte para que os profissionais de marketing **prevejam as vendas**. Vejamos a seguir as métricas apontadas por Farris et al. (2007):

Taxa de experimentação % = Agência de propaganda Capaz

Usuários pela primeira vez = População total x Taxa de experimentação (%)

Penetração t (número) = [Penetração em t-1 (número) x Período da taxa de repetição (%)] + Usuários pela primeira vez no período

Projeção de vendas (número) = Penetração t (número) x Frequência média de compras (número) x Média de unidades por compra (número)

Observe que a taxa de experimentação (%) é, segundo Farris et al. (2007, p. 108), "a porcentagem de uma população definida que compra ou utiliza um produto pela primeira vez em um dado período".

Confira agora como as fórmulas citadas podem ser aplicadas ao seguinte exemplo:

> **Taxa de experimentação**
>
> Uma empresa de TV a cabo sabe que 150 lares utilizaram pela primeira vez os seus serviços em outubro de 2010. Vale mencionar que a companhia tem acesso a 30 mil lares. Para calcular a taxa de experimentação, dividimos 150 por 30 mil lares e obtivemos uma taxa de 0,5% como resultado.
>
> **Penetração esperada**
>
> A mesma empresa de TV a cabo começou a vender seus serviços em dezembro de 2010. Com uma taxa de repetição de 80%, vendeu 10 mil pacotes de filmes em novembro de 2011. No mês seguinte, a empresa desejou adicionar mais 3 mil clientes que eram usuários desses pacotes de filmes. O cálculo da penetração esperada era de 10 mil pacotes, multiplicados por 70% e somados aos 3 mil clientes, o que resultou numa penetração de 11 mil clientes.
>
> **Experimentadores pela primeira vez**
>
> Considerando que, no mês de janeiro de 2011, a taxa de repetição é de 80% e há 18 mil clientes, calculemos quantos novos clientes a empresa pode esperar para adquirir seu pacote de filmes: **Experimentadores pela primeira vez = penetração (20 mil) – clientes antigos (18 mil x 80%) = 5.600 novos clientes.**

6.2

Preço

Algumas métricas e conceitos devem ser conhecidos para que você possa compreender um pouco mais sobre as estratégias de preços estabelecidas pelas empresas. Vamos abordar aqui a variação referente ao preço *premium*, que costuma ser um objeto de questionamento por parte dos consumidores. Conforme explicam Farris et al. (2007), trata-se da porcentagem em que o preço de venda de um produto excede ou fica abaixo do preço de referência no mercado, conhecido como **preço *benchmark***.

Você nunca se perguntou o motivo pelo qual dois produtos de marcas diferentes que oferecem os mesmos benefícios apresentam preços tão diferentes? Considerando-se a competição de mercado, as razões disso podem ser as mais variadas, como a escassez do produto ou o excesso de estoque.

O cálculo mais simples para o **preço *premium*** envolve a comparação do preço do produto de determinada marca com o da empresa concorrente. Vejamos um caso específico: imagine a cerveja da marca "Gelada" sendo vendida em toda a Região Nordeste a **R$ 2**, um preço mais alto que o de sua principal concorrente, que vende cervejas a **R$ 1,9**. Diante disso, os gestores de marketing desejam saber se essa mesma variação de preço pode ser mantida na Região Sul do Brasil. O cálculo poderia ser feito da seguinte forma:

$$\text{Variação do preço premium} = \frac{(2,0 - 1,9)}{1,9} = \frac{0,1}{1,9} \quad 5,3\% \text{ "Gelada"} \times \text{concorrente}$$

Os resultados são os seguintes: enquanto, no Nordeste, a diferença de preço em relação à principal concorrente da marca "Gelada" é de **12%**, no Sul, o valor fica bem abaixo – **5,3%**.

6.3
Praça, métricas da mídia e da *web*

Você já se perguntou como um anunciante calcula o retorno que obtém com o investimento que realiza em propaganda, podendo ser ela na mídia impressa, na televisão, no rádio ou na internet? Muitas vezes, operações que envolvem promoção de vendas são feitas com base nos resultados obtidos com a **propaganda**. Veremos, a seguir, alguns conceitos relacionados a esse tema e descobriremos também como fazer alguns cálculos necessários.

Inicialmente, precisamos compreender o seguinte: a **exposição** é, segundo Farris et al. (2007), gerada cada vez que uma propaganda é vista. Esse é um termo que será repetido diversas vezes neta seção, por isso é importante que você o conheça. As **exposições por impacto** (Gross Raiting Points - GRPs) são calculadas com base na divisão do número de exposições pelo número de pessoas (público-alvo) para um comercial veiculado.

Quando falamos em **custo por mil exposições** (CME), referimo-nos ao custo da propaganda dividido pelas exposições (em milhares) geradas, cálculo que mede a eficácia de custo na geração de exposições.

Nesse contexto, fazemos o seguinte questionamento: Quando um anunciante decide utilizar a internet como canal de comunicação com o público-alvo, inclusive comercializando seus produtos e serviços, como ele calcula o retorno obtido? Você já ouviu falar em **taxa de cliques**? Trata-se de uma medida interativa de propaganda na internet. É importante para o anunciante saber quantas vezes sua promoção foi clicada, ou seja, a contagem de quantos clientes ficaram intrigados o suficiente com a inserção virtual e clicaram no *link* para saber do que se trata. Dessa forma, o custo por clique é calculado dividindo-se o custo da inserção da propaganda na internet pelo número de cliques que ela gerou.

O anunciante também mede o retorno obtido por meio do número de vezes que sua página é acessada na internet e o tráfego do público-alvo na página virtual da empresa, o que representa uma medida que traduz a popularidade de determinada marca entre os usuários da internet. Por isso, é fundamental que o anunciante saiba se vale mais a pena anunciar na internet, no rádio ou na mídia impressa, por exemplo.

Outra medida interessante para anunciantes que utilizam a internet como meio de comunicação é a **taxa de abandono**, que reflete a taxa de compras que foram inicializadas, mas não finalizadas. Nesse caso, existe a necessidade de se pesquisar o motivo dessa situação, que pode estar ligado à dificuldade das pessoas em lidarem com o portal da empresa ou com o excesso de informações solicitadas, complicando o acesso e, portanto, impedindo-as de efetuarem a compra.

6.4

Promoção

Frequentemente, vemos as empresas promovendo seus produtos com objetivos como os citados por Farris et al. (2007): atrair novos clientes, aumentar taxas de compras, reforçar a lealdade, entre outros.

A questão que colocamos aqui é: **Em que medida as promoções, de fato, alcançam os objetivos da empresa, gerando vendas que permitam custear a operação e gerar lucro?** Inicialmente, os profissionais de marketing precisam conhecer o histórico de vendas para efetuar uma comparação com os resultados obtidos após a ação promocional e verificar se houve venda incremental. Vejamos, na sequência, alguns conceitos apresentados por Farris et al. (2007) que nos ajudaram a saber como lidar com essas métricas.

As vendas incrementais são aquelas conquistadas após o esforço promocional, sendo calculadas da seguinte forma:

Vendas incrementais ($) = Total de vendas ($) − Vendas básicas ($)

No caso da emissão de cupons de desconto (você já deve ter visto esses cupons impressos em jornais e revistas), a taxa de resgate, ou seja, os descontos que foram requisitados pelos clientes, é calculada da seguinte forma:

$$\text{Taxa de resgate de cupons (\%)} = \frac{\text{Sacrifício percebido}}{\text{Custo monetário}}$$

O **custo do resgate** dos referidos descontos é calculado da seguinte maneira:

Custo do resgate ($) = Valor nominal do cupom ($) + Taxas de resgate ($)

O objetivo desse cálculo é mapear a distribuição e o resgate dos cupons emitidos para que possamos saber se houve um impacto real na aquisição de produtos de determinada marca.

Comentários finais

Neste capítulo, vimos como as métricas de marketing se voltam para o composto de marketing, ou seja, o produto, o preço, a promoção e a praça. É importante que o profissional de marketing observe a necessidade de mensurar o retorno obtido sobre os esforços de marketing realizados. Para tanto, é preciso ter um parâmetro inicial que responda à pergunta "Qual retorno desejo obter com esta ação de marketing?", para, na sequência, criar indicadores que ofereçam parâmetros, de maneira que, após a realização da ação, seja possível identificar se esta realmente trouxe o resultado esperado. Diante disso, trabalhamos neste capítulo métricas que ofereçam ao profissional responsável pela tomada de decisão informações para que ele decida sobre o lançamento de novos produtos; a formação de preços condizentes com os objetivos da organização; a definição das praças de lançamento e distribuição do produto e, por fim, sobre o canal de comunicação adequado para proporcionar ao público alvo conhecimento sobre o produto e a marca em questão.

Bibliografia comentada

OMUNI MARKETING. **Departamento de finanças *versus* departamento de marketing?** 11 maio 2007. Disponível em: < http://www.administradores.com.br/informe-se/informativo/departamento-de-financas-versus-departamento-de-marketing/10620 >. Acesso em: 24 out. 2010.

Esse artigo aborda a divergência que frequentemente observamos entre as áreas de marketing e finanças das empresas no que se refere ao levantamento e à análise dos resultados obtidos com base nos investimentos realizados. O texto trata também das métricas utilizadas pela área de finanças e que podem ser aplicadas pela área de marketing como elementos balizadores para a análise de resultados.

DAMASCENO, R. A ascensão das métricas no marketing digital. **Marketing Contextual**, 23 mar. 2009. Disponível em: <http://www.marketingcontextual.com/a-ascencao-das-metricas-no-marketing-digital>. Acesso em: 24 out. 2010.

O autor do artigo afirma que, se, nos anos da "bolha na internet", as empresas que atuam no ambiente virtual não se preocupavam em medir resultados, atualmente elas precisam fazê-lo para evitar riscos ao negócio. O texto aborda também a importância de se estabelecerem indicadores-chave de sucesso, ou KPI (*Key Performance Indicators*), que variam em função do objetivo do projeto e precisam ser monitorados periodicamente.

KALEHOFF, M. Dez tendências que irão transformar as métricas do marketing. **Lá Fora**, 13 nov. 2006. Disponível em: < http://lafora.com.br/2006/11/dez-tendencias-que-irao-transformar-as-metricas-do-marketing-max-kalehoff >. Acesso em: 24 out. 2010.

Esse texto traz dez tendências que nos levam a refletir sobre a democratização das informações no ambiente virtual e que influenciam nas decisões dos consumidores no processo de tomada de decisão de compra. Além disso, as redes sociais modificaram o formato dos relacionamentos, o que obriga as empresas a definirem novos caminhos e maneiras de ter acesso aos clientes e a seus *prospects*. Atualmente, é provável que eles estejam mais conectados ao mundo virtual do que as empresas imaginam.

Síntese

Ao iniciarmos a abordagem do tema **métricas de marketing**, pensamos em apresentar a você uma perspectiva fundamental sobre o investimento em ações voltadas para o mercado. Vale lembrar que o foco dessas ações é o público-alvo da empresa.

As informações que um profissional de marketing precisa para a tomada de decisão são provenientes de diversas fontes, entre elas as pesquisas de mercado. Nesta obra, concentramo-nos nas informações numéricas que são importantes para a gestão do negócio. Vale ressaltar que, isoladamente, nenhuma métrica trará ao profissional de marketing a visão adequada e completa do cenário do negócio. Um panorama abrangente é obtido por meio da avaliação de diferentes perspectivas.

Considerando-se esses aspectos, a saúde de uma empresa é avaliada com base em resultados de métricas corretamente aplicadas. Avalia-se também o que está ocorrendo com os concorrentes, com os clientes e com os fornecedores, bem como os movimentos do mercado em relação a produtos, serviços e preços.

Muitas vezes, o resultado obtido por meio das métricas indicar que o produto que se deseja desenvolver não trará para a empresa o resultado financeiro esperado. Cabe ao profissional de marketing não colocar a "cabeça sob a terra", como o avestruz, e não insistir no lançamento do produto no mercado. Lembre-se: os números "falam". Vale a pena "ouvir" o que eles têm a dizer.

Referências

ALMEIDA, A. L. S. de. **O conhecimento e a importância das métricas de marketing para gestores de médias e grandes empresas brasileiras**. 171 f. Dissertação (Mestrado em Administração e Negócios) – Pontifícia Universidade Católica do Rio Grande do Sul, Porto Alegre, 2007.

COBRA, M. **Administração de marketing no Brasil**. São Paulo: Cobra, 2003.

DATAFOLHA. **Datafolha Top of Mind**. Disponível em: <http://datafolha.folha.uol.com.br/mercado/top_index.php>. Acesso em: 24 out. 2010.

ECKERSON, W. Dashboard or Scorecard: **Which Should You Use? Dashboard Insight**, 20 July 2007. Disponível em: <http://www.dashboardinsight.com/articles/digital-dashboards/fundamentals/dashboard-or-scorecard-which-should-you-use.aspx>. Acesso em 16 out. 2011.

FARRIS, P. W. et al. **Métricas de marketing**: mais de 50 métricas que todo executivo deve dominar. Porto Alegre: Bookman, 2007.

KOTLER, P. **Administração de marketing**: análise, planejamento, implementação e controle. 5. ed. São Paulo: Atlas, 1998.

QUEIROZ, M. J. de. **Métricas de desempenho de marketing em empresas brasileiras**. 188 f. Tese (Doutorado em Administração) – Universidade de São Paulo, São Paulo, 2009.

RECENCY. In: UOL. **Michaelis**: Dicionário de inglês online. Disponível em: <http://michaelis.uol.com.br/moderno/ingles/index.php?lingua=ingles-portugues&palavra=recency>. Acesso em: 14 mar. 2013.

ROSENWALD, P. J. **Accountable marketing**: otimizando resultados dos investimentos em marketing. São Paulo: Pioneira Thomson Learning, 2005.

SIMON, H.; BILSTEIN, F.; LUBY, F. **Gerenciar para o lucro, não para a participação de mercado**. Porto Alegre: Bookman, 2008.

SRIVASTAVA, R.; REIBSTEIN, D. J.; JOSHI, Y. V. **Linking Marketing Metrics to Financial Performance**. Atlanta: ZIBBS Technical Report, 2006. Disponível em: <http://www.zibs.com/techreports/Linking%20Marketing%20Metrics%20to%20financeial%20Performance.pdf>. Acesso em: 16 out. 2011.

SULLIVAN; D. **The Measurement of Marketing Performance in Irish Firms**. Disponível em: <http://www.ucc.ie/en/mgt/ResearchActivities/WorkingPaperSeries/DocumentFile-30783-en.pdf>. Acesso em: 8 fev. 2012.

WELCH, G. **Cmo Tenure**: Slowing Down the Revolving Door. Blue Paper. Chicago: Spencer Stuart, 2004. Disponível em: <http://content.spencerstuart.com/sswebsite/pdf/lib/CMO_brochureU1.pdf>. Acesso em: 16 out. 2011.

Considerações finais

Nesta obra, discutimos técnicas importantes para que você possa refletir sobre a correta utilização das ferramentas de marketing diante dos objetivos organizacionais propostos, do orçamento definido e do prazo disponível. Vimos que essas técnicas são necessárias para tornar satisfatório o conhecimento sobre as variáveis de mercado e trazer retorno econômico e de imagem para as organizações que as empregam da maneira adequada.

Além disso, verificamos que não se deve investir em todas as ações possíveis para os clientes da carteira de uma organização. Nesse sentido, informações sobre o perfil dos clientes são necessárias para que os investimentos no que oferece o melhor resultado para a organização sejam potencializados, o que maximiza a utilização dos recursos financeiros, humanos e tecnológicos disponíveis.

Medir os investimentos e os resultados pretendidos mostra-se algo importante diante dos custos da operação envolvida no processamento dos pedidos. O cálculo desses custos permite ao profissional de marketing observar a operação e minimizar as surpresas que possam causar impactos negativos no negócio.

É importante ressaltar que perdas no investimento em marketing podem ser minimizadas por meio de pesquisas de mercado que possam descrever o perfil do cliente da empresa e, assim, direcionar as ações ao público-alvo nos momentos em que ele acessa os veículos de comunicação de sua preferência.

Assim, o planejamento, o desenvolvimento e a gestão de produtos devem ser ações estratégicas da política institucional de marketing, sendo capazes de gerar maior confiabilidade nas tomadas de decisões empresariais, do modo a contribuir para a melhoria da *performance* da empresa no mercado. Dessa maneira, a sustentabilidade financeira da organização ficará garantida.

Da mesma forma, as métricas relacionadas à satisfação e à disposição dos consumidores para recomendar a marca para seu grupo de referência precisam ser conhecidas e utilizadas, a fim de garantir a percepção positiva do mercado sobre a marca e a geração de valor.

Esperamos que esta obra tenha oferecido a você os subsídios para a verificação da necessidade e da importância de a empresa planejar e gerir o desenvolvimento de produtos, bem como de definir as métricas necessárias para a avaliação dos investimentos em ações de marketing.

Os papéis utilizados neste livro, certificados por instituições ambientais competentes, são recicláveis, provenientes de fontes renováveis e, portanto, um meio responsável e natural de informação e conhecimento.

FSC
www.fsc.org
MISTO
Papel produzido
a partir de
fontes responsáveis
FSC® C103535

Impressão: Reproset
Abril/2021